움직이는 페이퍼토이 2

조립하고, 구르고, 변신하는 다면체

나카무라 하루키 지음　이정아 옮김

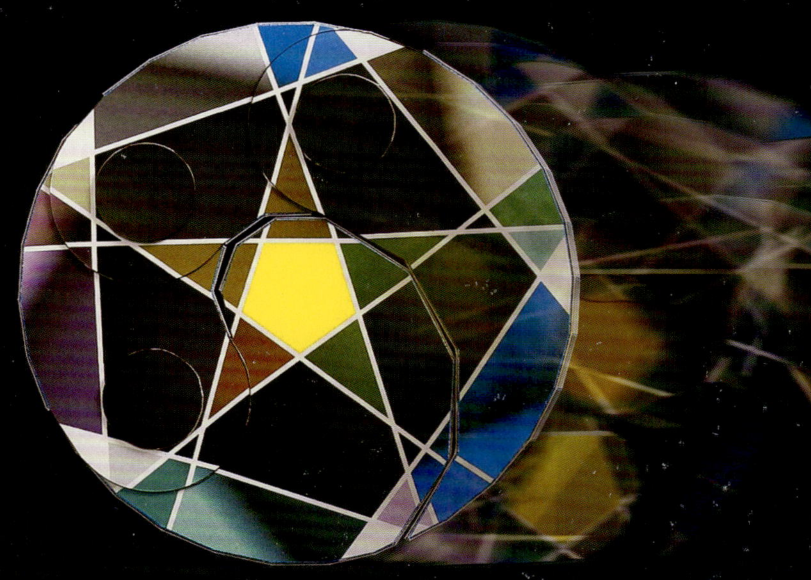

툭 치면 회전하며 동그랗게 말리는 ─────
공벌레 원기둥

만들기　14-15쪽
도안　49-52쪽

길벗어린이

차 례

난이도   ●●● 어려움
       ●●○ 보통
       ●○○ 쉬움

똑같은 모양의 도마뱀 열두 마리가 만나면 ─────

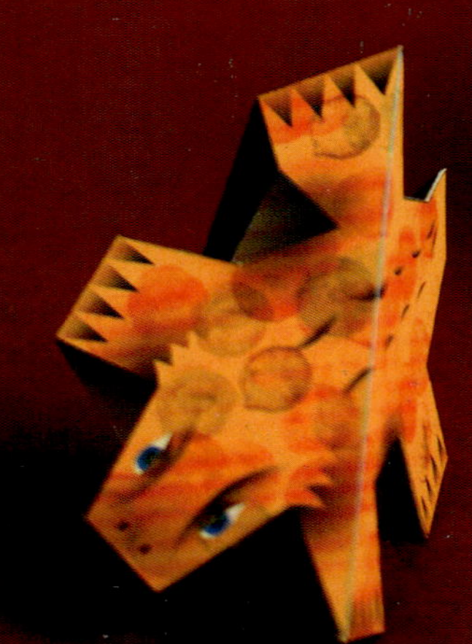

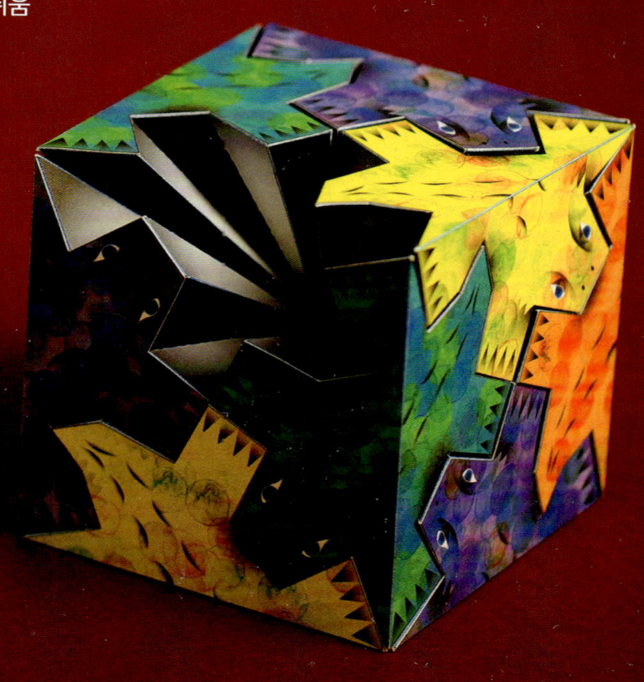

도마뱀 정육면체

곰 십이면체

만들기 10쪽
도안 29-32쪽

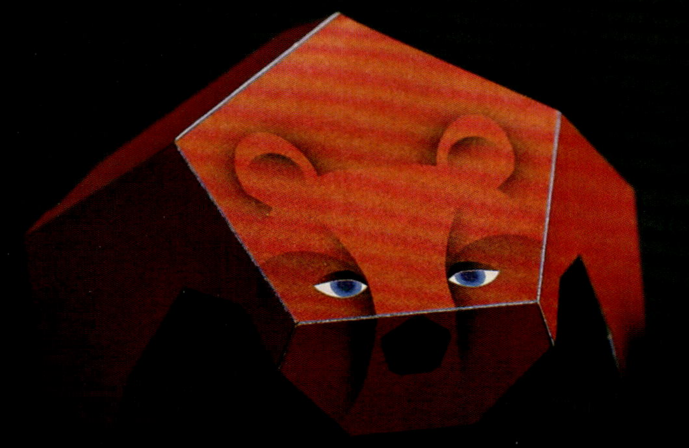
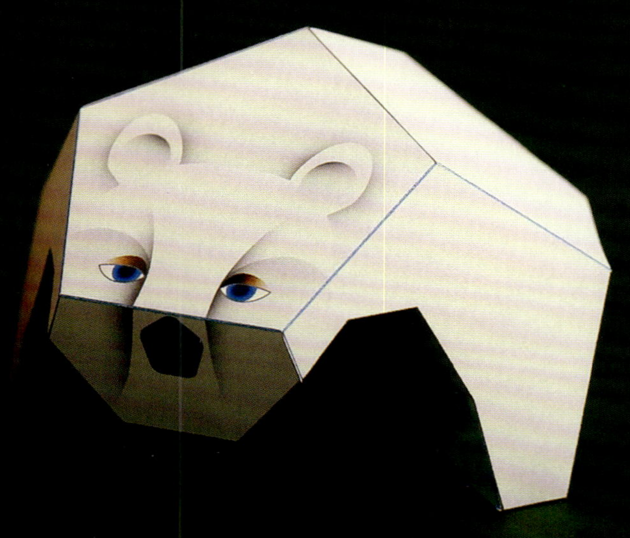

돌고래 이십면체

만들기 10쪽
도안 33-38쪽

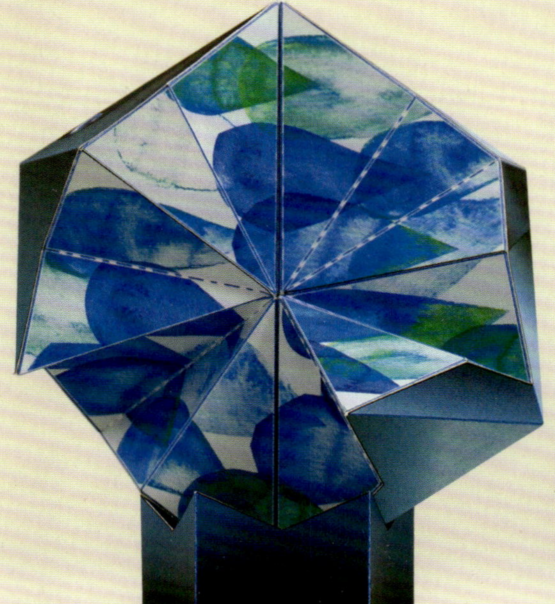

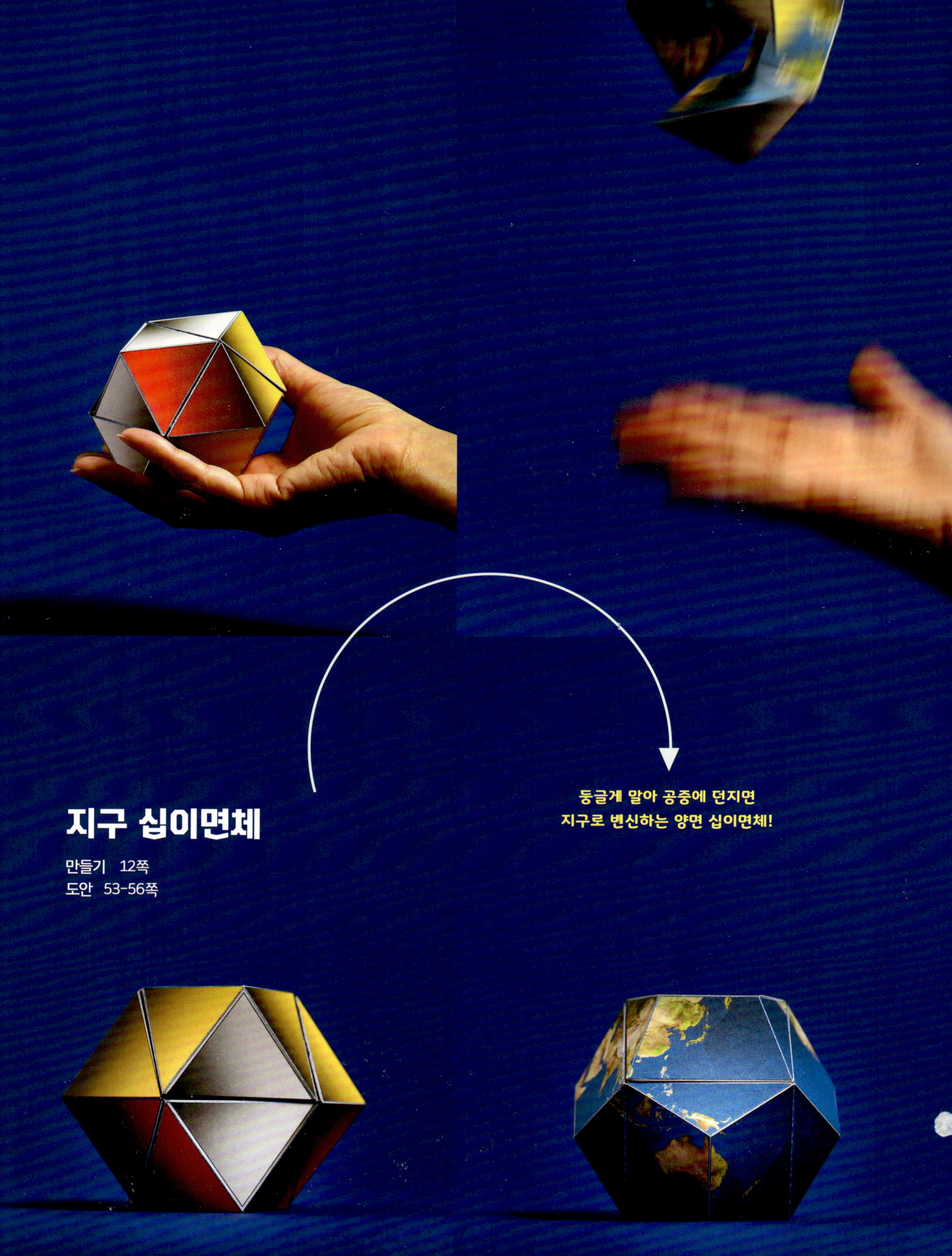

지구 십이면체

만들기 12쪽
도안 53–56쪽

새와 물고기 다면체

만들기　9쪽
도안　37-40쪽

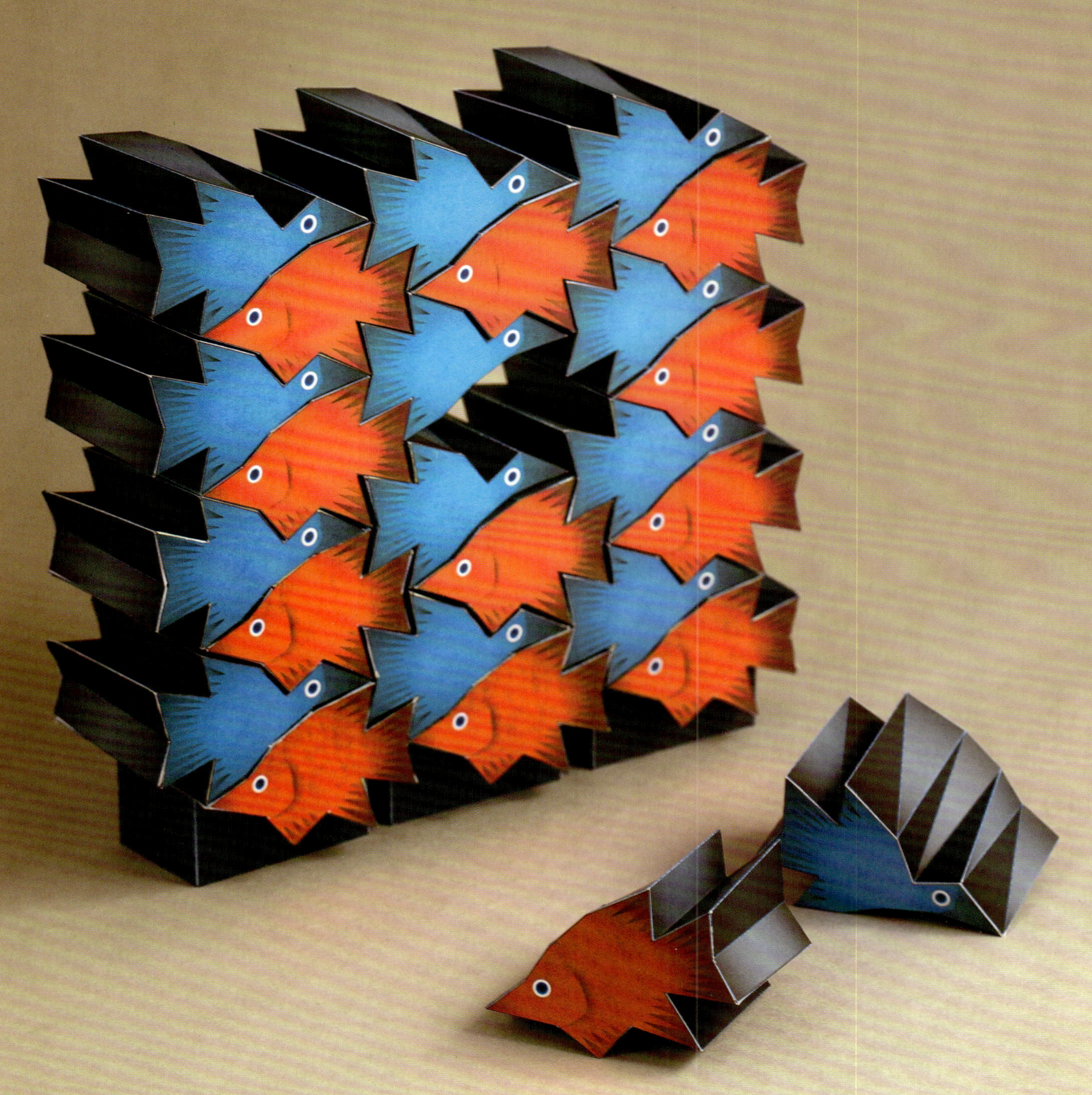

퍼즐 정사면체

만들기　11쪽
도안　41-44쪽

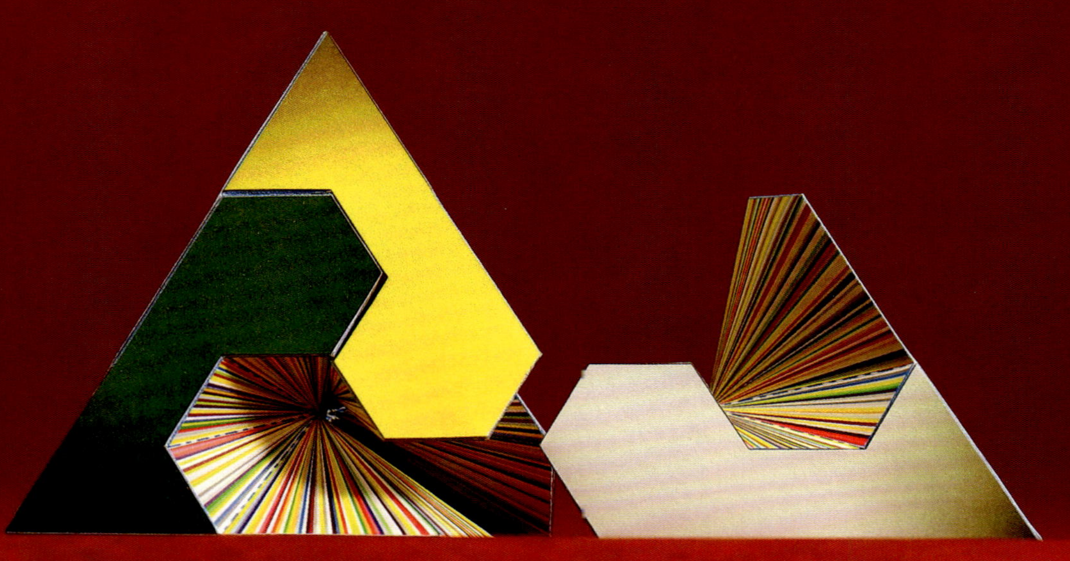

두 마리의 개구리를 합체하면 ────

개구리 십이면체

만들기　15-16쪽
도안　45-48쪽

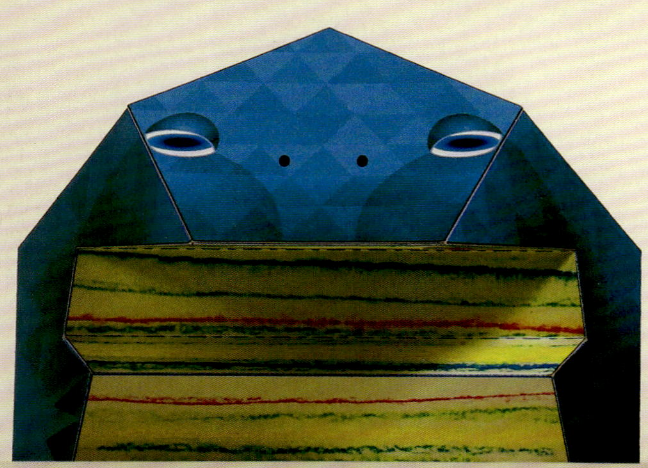

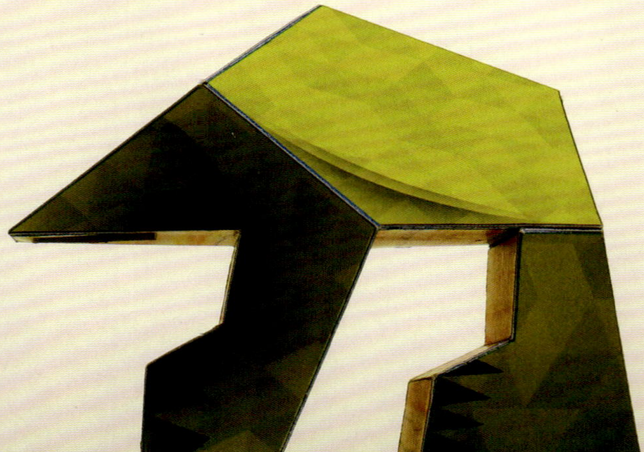

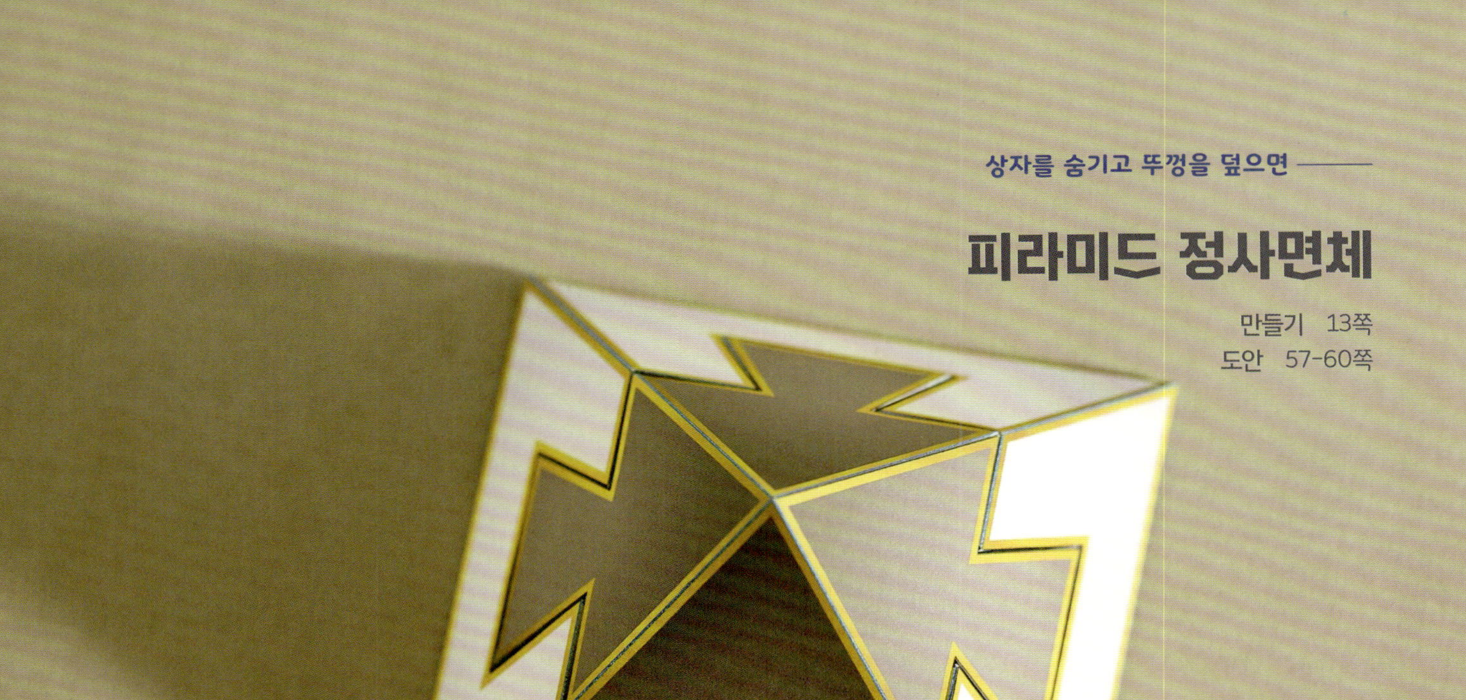

피라미드 정사면체

만들기　13쪽
도안　57-60쪽

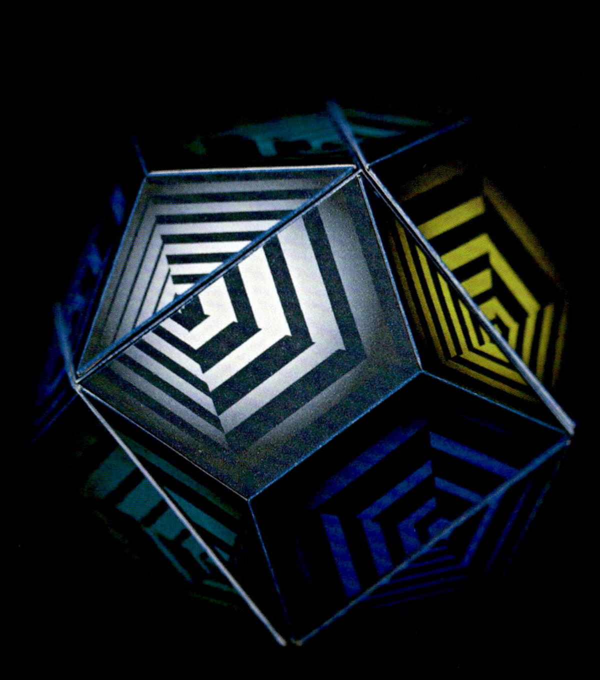

큐브 퍼즐 십이면체

만들기　11쪽
도안　61-64쪽

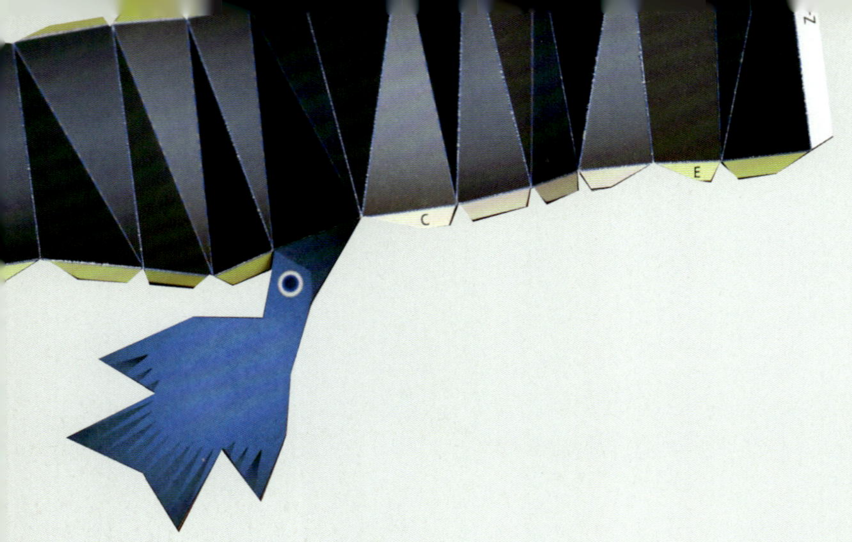

필요한 도구

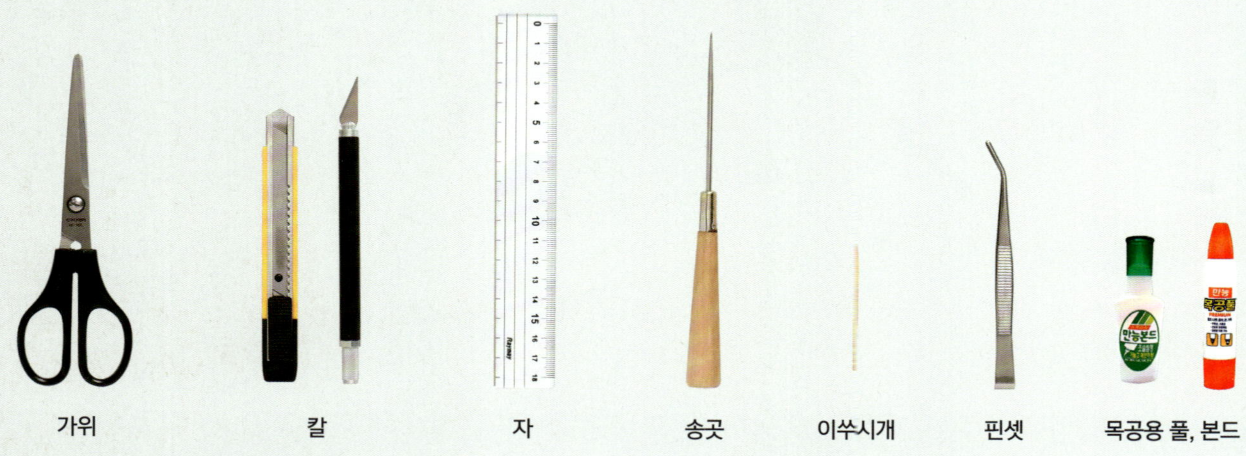

※ 칼을 사용할 때나 접는 금을 낼 때는 커팅 매트를 아래에 깔고 사용한다.
※ 작품별로 필요한 도구는 만드는 법에 따로 표기되어 있다.

만들기 순서와 방법

1 도안을 책에서 떼어 낸다

도안을 점선에 맞춰 조심해서 떼어 낸다. 도안이 여러 장인 경우도 있으므로,
작품별로 갯수를 잘 확인하고 떼어 낸다.

2 접는 선에 금을 긋는다

산접기 선, 계곡접기 선에 자를 대고 송곳을 사용하
여 금을 긋는다. 송곳 대신 샤프나 잉크가 없는 볼펜,
컴퍼스 등을 사용할 수 있다.

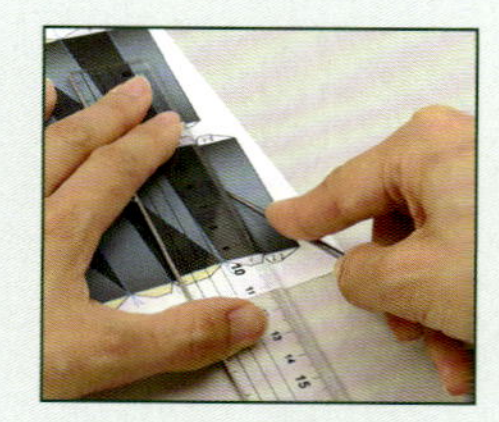

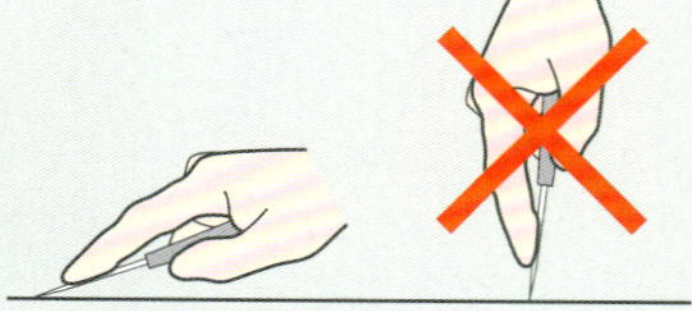

⚠ 송곳은 살짝 눕혀서 사용한다.

3 자르는 선을 따라 오린다 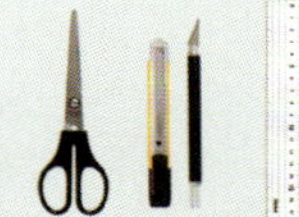

자르는 선(검은선)을 따라 도안을 오린다. 곡선은 가위로, 직선은 칼을 사용한다. 구멍이 있는 부분은 먼저 구멍을 뚫고 난 다음 오린다.

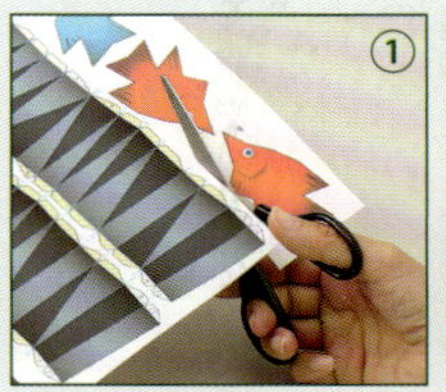 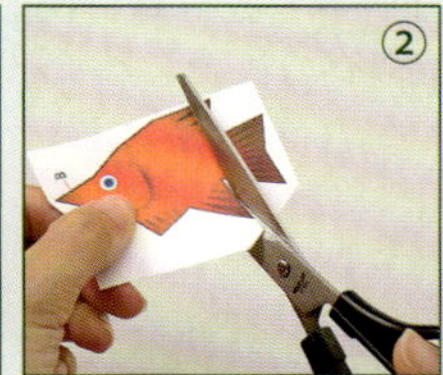 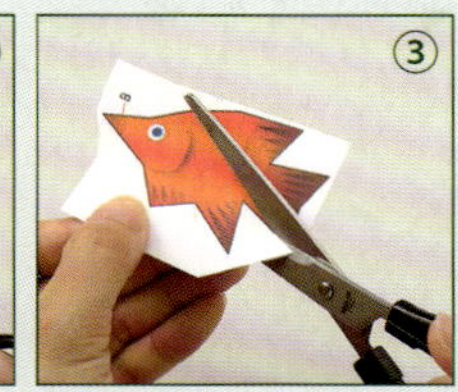

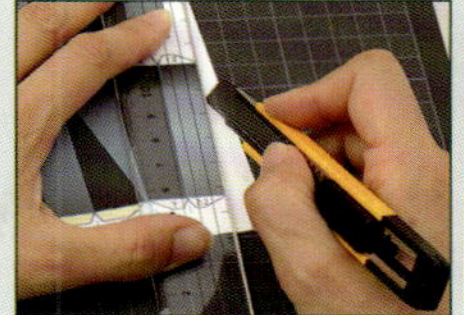 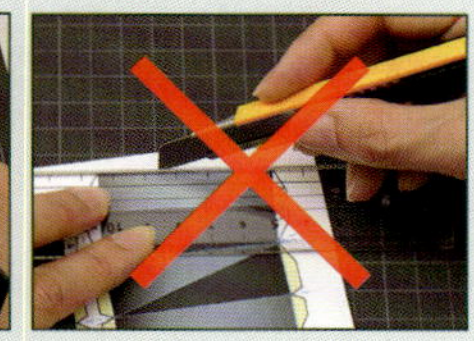

⚠ 칼은 위에서 아래로 움직이며 자르는 것이 기본 방법이다. 좌우로 자를 경우, 자 때문에 자르는 선 끝이 보이지 않는다.

⚠ 좁은 부분을 깨끗하게 자르려면
① 우선 대강 잘라 낸다.
② 도안의 한쪽 선을 따라 가위집을 낸다.
③ 반대 방향의 선을 따라 오려 낸다. 들쭉날쭉한 곳은 자르기 쉬운 방향부터 같은 방향으로 모두 가위집을 내고, 반대 방향으로 가위를 넣어 오려 낸다.

4 접는 선대로 접어 준다

접는 선(파란선)의 경우 산접기, 계곡접기를 확인하고 접는다.

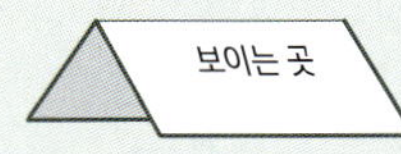 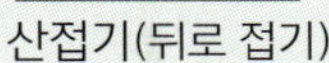 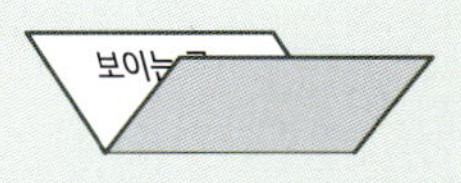

산접기(뒤로 접기)   계곡접기(앞으로 접기)

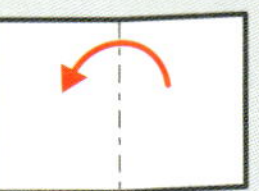 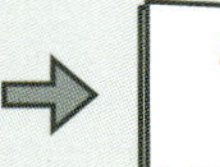 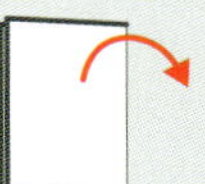 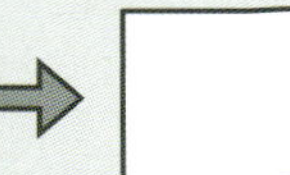

⚠ 정확히 반으로 접고 펼친다.
종이가 약하므로, 반대쪽으로 다시 접지 않도록 주의한다.

5 붙인다 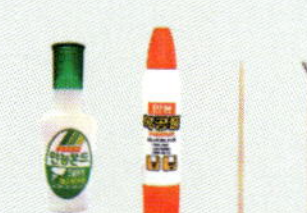

풀칠할 부분에 본드를 바르고 붙여 준다.

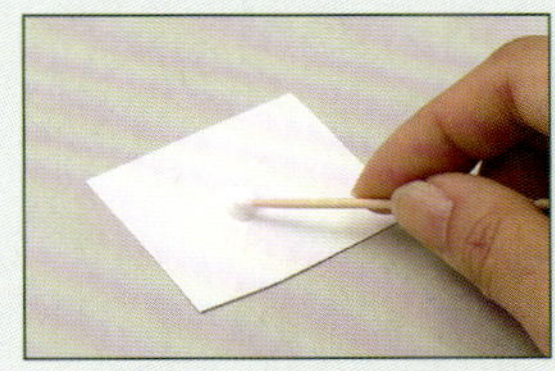 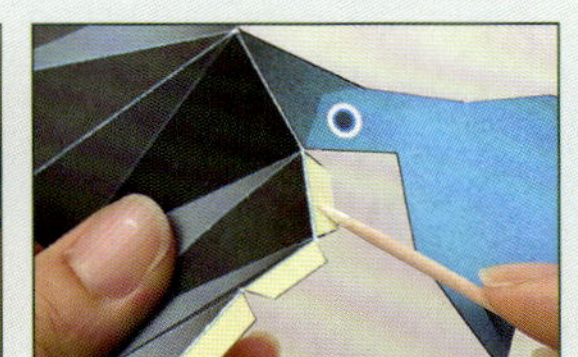 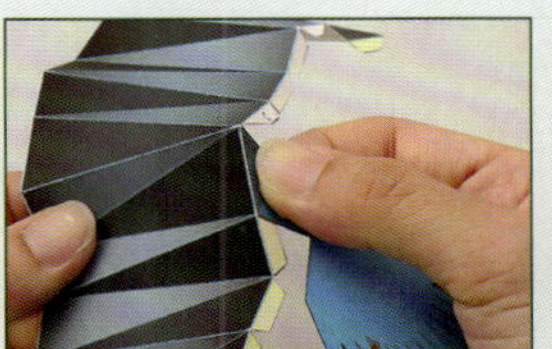 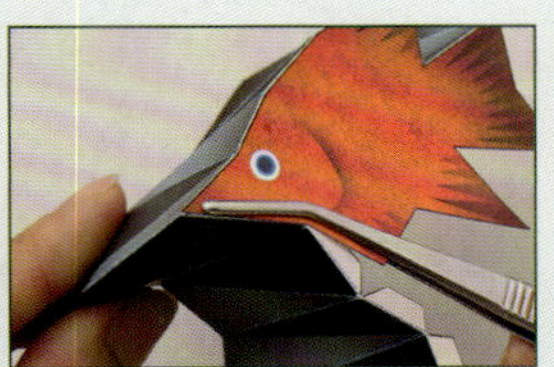

본드는 종이에 조금 짜 두고, 이쑤시개에 묻혀서 사용하면 편리하다. 이쑤시개를 눕혀서 빵에 버터를 바르듯 얇게 바른다.

본드로 붙인 후, 떨어지지 않도록 손가락으로 꽉 누르고 잠시 그대로 기다린다. 손가락이 들어가지 않는 곳은 핀셋을 사용한다.

작품 만들기

새와 물고기 다면체

도안 37~40쪽 | 완성 작품 5쪽 | 난이도 ●○○

■ 준비 : 만들기 방법(8~9쪽)의 1~4까지 준비한다.

❶ A를 붙이고, 주변의 같은 색깔의 풀칠 부분을 모두 붙인다.

❷ B를 붙이고, 주변의 같은 색깔의 풀칠 부분을 모두 붙인다. 같은 방법으로 C부터 Y까지 순서대로 붙인다.

❸ Z-1, Z-2, Z-3에 본드를 바르고, 형태를 잘 잡아 주면서 붙인다.

스탠드(37쪽)

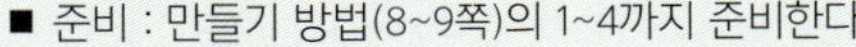

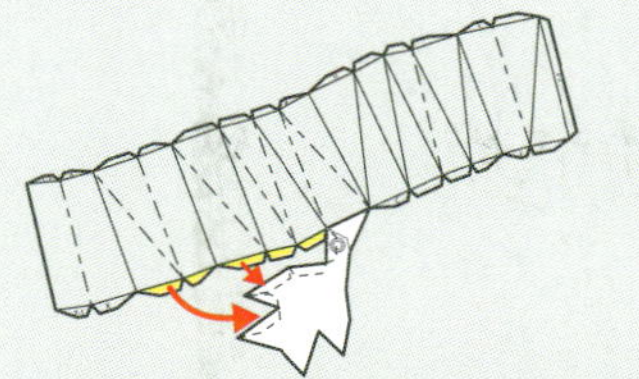 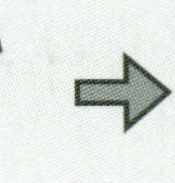 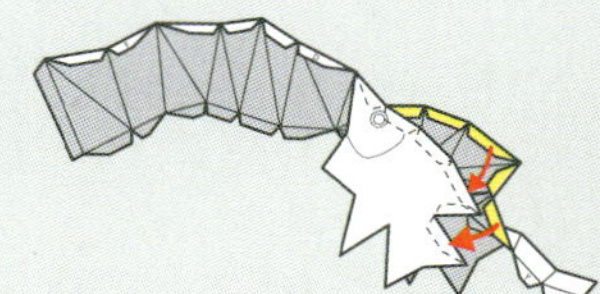 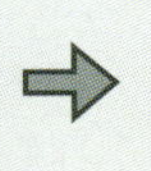 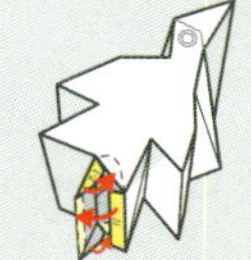 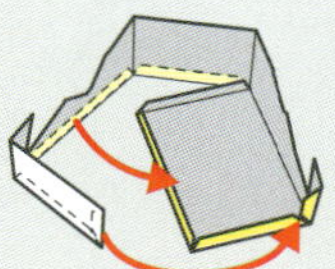

- 좁은 곳은 핀셋을 사용해 눌러 준다.
- 핀셋이 닿지 않는 곳은 L 형태의 육각 스패너로 눌러 주면 편리하다.
- 익숙해지면 여러 곳의 풀칠 부분에 한꺼번에 본드를 발라 놓고 붙이면 편리하다.

▶ 새와 물고기 만들기는 아래의 사이트에서 확인할 수 있습니다.
http://youtube.com/user/gilbutkid

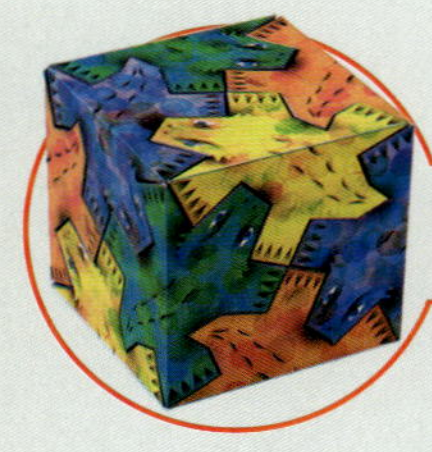

도마뱀 정육면체

도안 17~28쪽 | 완성 작품 2쪽 | 난이도 ●○○

- 필요한 도구 : 8쪽 참조
- 준비 : 만들기 방법(8~9쪽)의 1~4까지 준비한다. 특히 산접기, 계곡접기에 주의한다.

❶ A를 붙인다.

❷ B를 붙이고, C에서 Y까지 시계 방향으로 순서대로 붙인다.

❸ Z-1과 Z-2에 본드를 바르고, 형태를 잘 잡으면서 붙인다. 손이 닿지 않는 부분은 핀셋을 이용하여 고정시킨다.

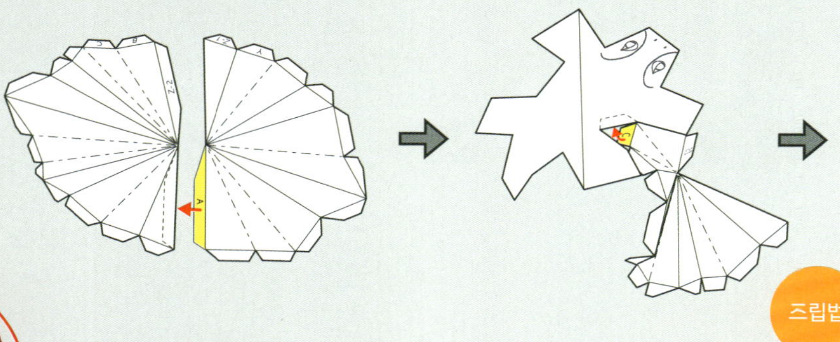
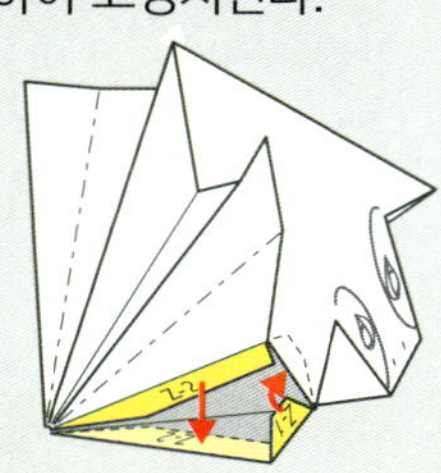

조립법 정육면체의 각 면에 4가지 색이 오도록 12마리의 도마뱀을 결합한다.

곰 십이면체

도안 29~32쪽 | 완성 작품 3쪽 | 난이도 ●○○

- 필요한 도구 : 8쪽 참조
- 준비 : 만들기 방법(8~9쪽)의 1~4까지 준비한다.

❶ 곰의 풀칠 부분을 모두 붙인다.

❷ A를 붙인다.

❸ B를 붙이고, C에서 Y까지 반시계 방향으로 순서대로 붙인다.

❹ Z-1과 Z-2 모두 본드를 바르고, 형태를 잘 잡으면서 붙인다.

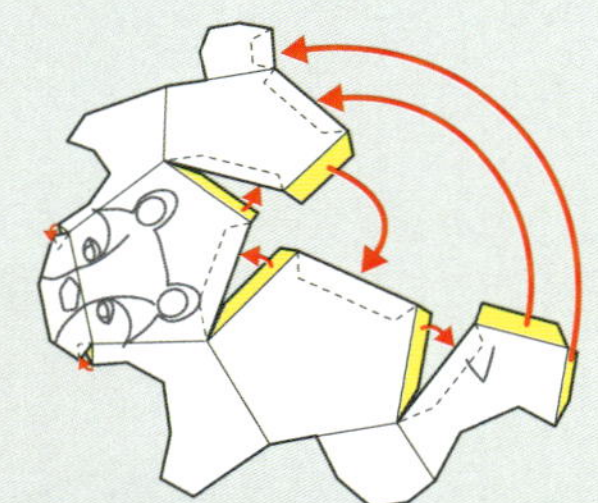
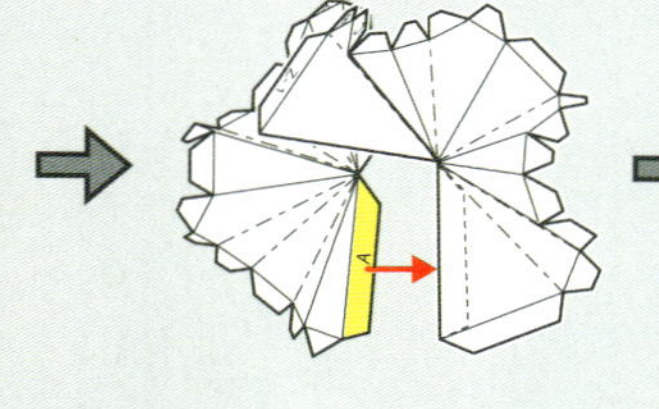
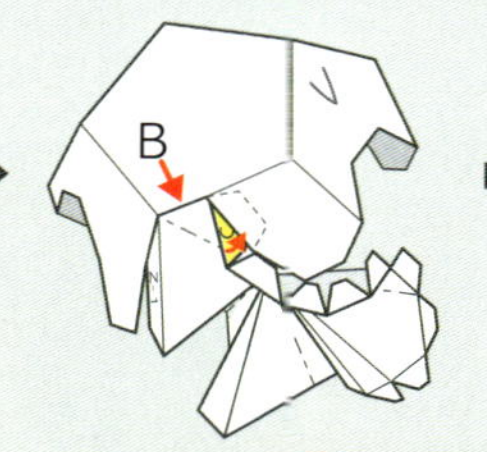

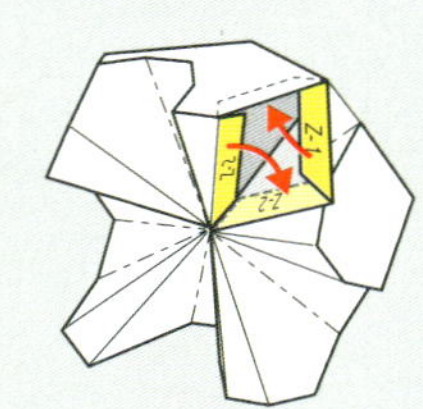

조립법 같은 방법으로 한 마리를 더 만들어 결합하면 십이면체의 곰이 만들어진다.

돌고래 이십면체

도안 33~38쪽 | 완성 작품 3쪽 | 난이도 ●○○

- 필요한 도구 : 8쪽 참조
- 준비 : 만들기 방법(8~9쪽)의 1~4까지 준비한다.

❶ 돌고래의 풀칠 부분을 붙인다.

❷ A를 붙인다.

❸ B를 붙이고, C에서 X까지, 반시계 방향으로 순서대로 붙인다.

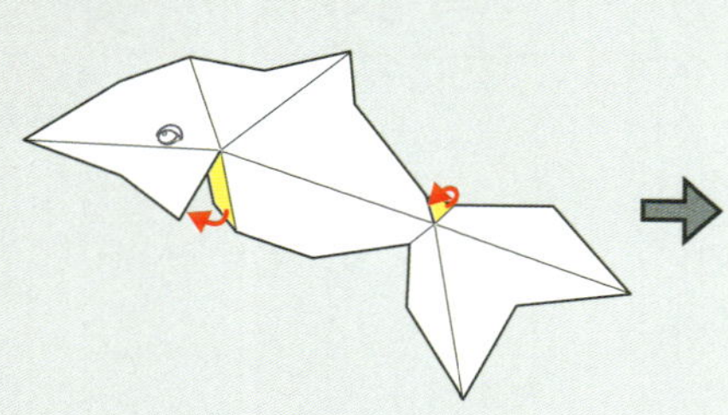
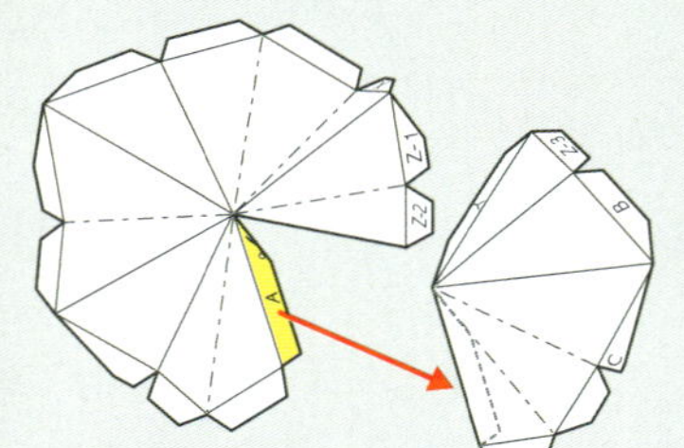
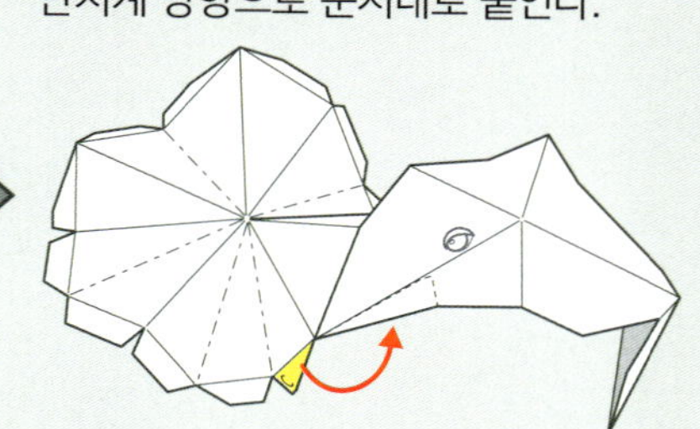

❹ Y를 붙인다.

❺ Z-1, Z-2, Z-3 모두 본드를 바르고, 형태를 잘 잡으면서 붙인다.

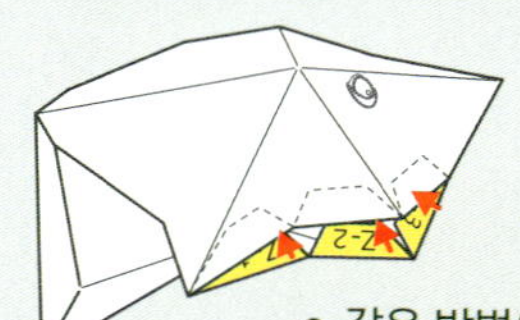
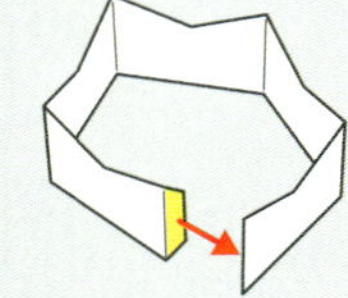
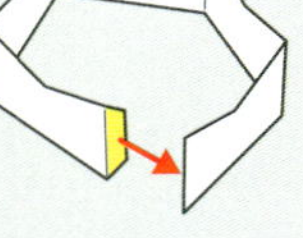

- 같은 방법으로 5마리를 만든다.

스탠드

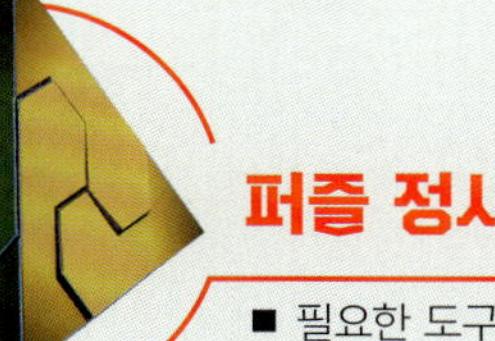

퍼즐 정사면체

■ 필요한 도구 : 8쪽 참조   ■ 준비 : 만들기 방법(8~9쪽)의 1~4까지 준비한다.

❶ ①부터 ③까지 붙인다.

❷ ④를 붙이고, ⑤부터 ⑦까지 붙인다. 같은 방법으로 ⑮까지 순서대로 붙인다.

❸ ⑯부터 ⑱까지 붙인다.

❹ ⑲와 ⑳에 본드를 바르고, 형태를 잘 잡으면서 붙인다. 같은 방법으로 ㉑과 ㉒, ㉓과 ㉔를 붙인다.

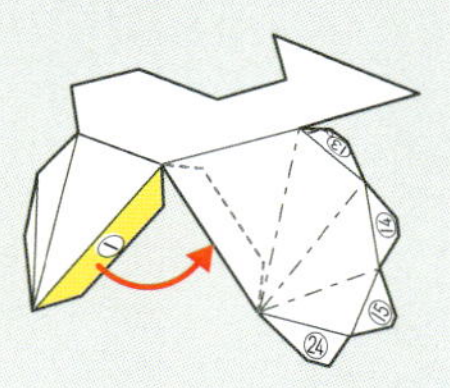 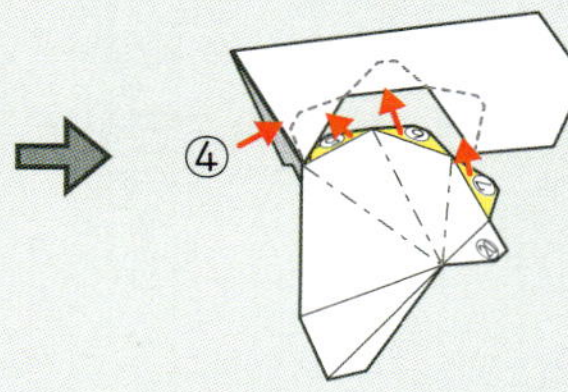 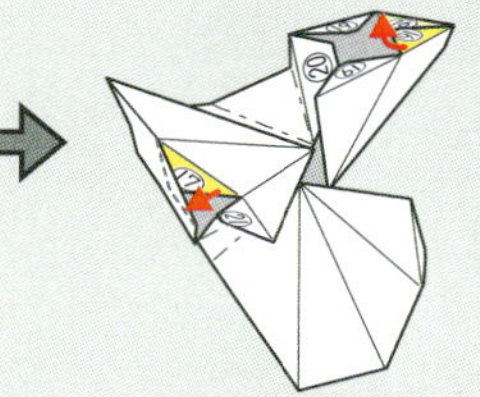 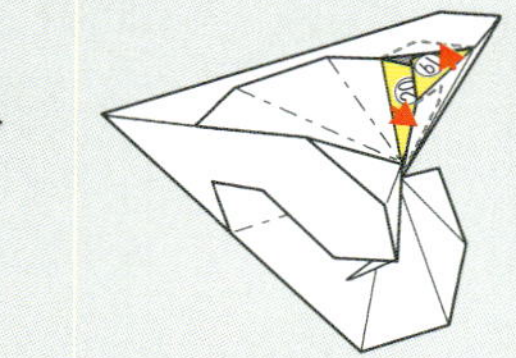 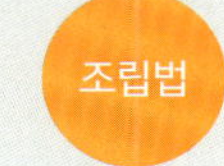

• 같은 쪽의 도안 외에 다른 쪽의 도안과 섞이지 않도록 주의한다.

조립법 만든 조각 4개를 맞춰 주면 정사면체가 된다. 각 면의 색깔을 같게 하거나, 모두 다른 색이 되도록 끼워 보자.

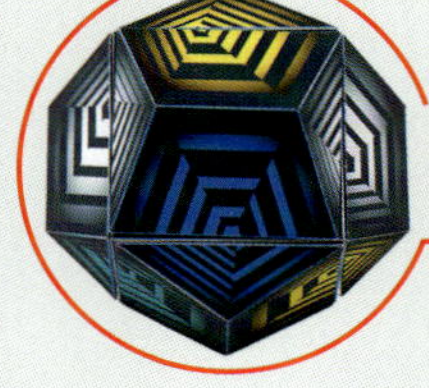

큐브 퍼즐 십이면체

■ 필요한 도구 : 8쪽 참조   ■ 준비 : 만들기 방법(8~9쪽)의 1~4까지 준비한다.

❶ 풀칠 부분에 본드를 바르고 사각기둥 형태로 말아 회전축을 만든다.

❷ a와 b를 각각 붙인다.

❸ C-1, C-2, C-3에 본드를 바르고, 형태를 잘 잡으면서 붙인다.

❹ 테이블 위에 놓고, 아랫면이 평평해지도록 가장자리를 손가락으로 눌러 준다.

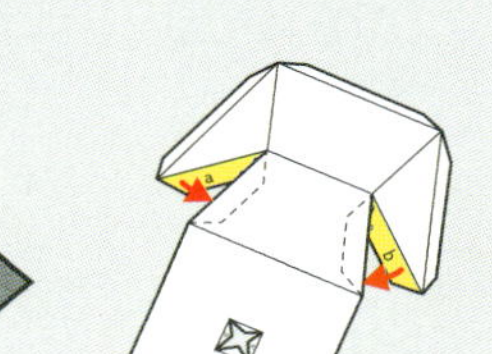 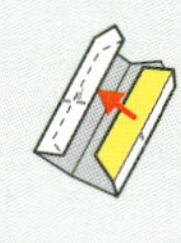 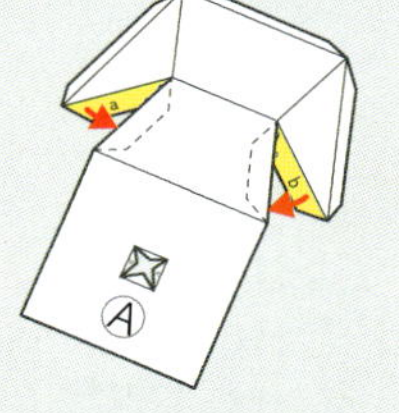 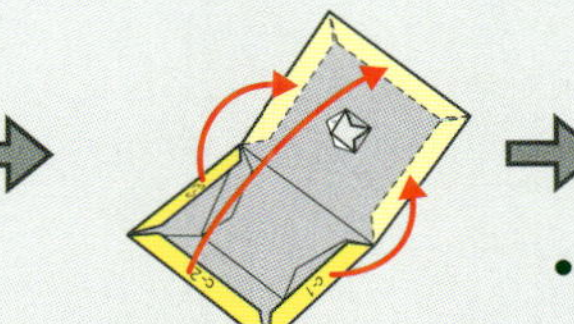

• 같은 것을 6개 만든다.

❺ 중심 부분의 4곳에 본드를 바르고, 회전축의 점선까지 끼워 넣는다.

❻ 만들어 둔 회전축을 A의 구멍에 넣는다. 붙이지 않도록 주의한다.

뒤집어서 원형 스토퍼를 축의 안쪽까지 끼워 넣는다. 스토퍼의 풀칠 부분에 본드를 바르고 붙인다.

❼ 과정 ❻과 같은 요령으로, 파트 B와 C를 끼워 준다. 이어서 ①-1과 ①-2를 각각 붙인다.

이 4곳

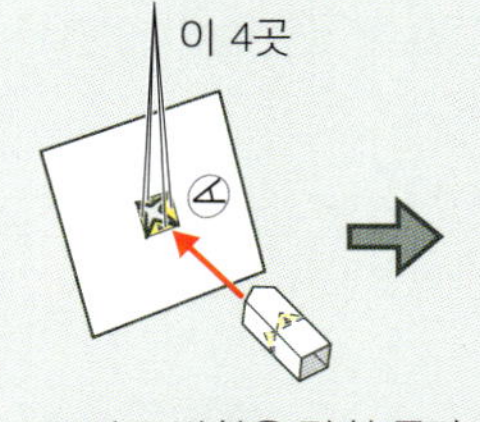

▲표시로 방향을 맞춰 준다.

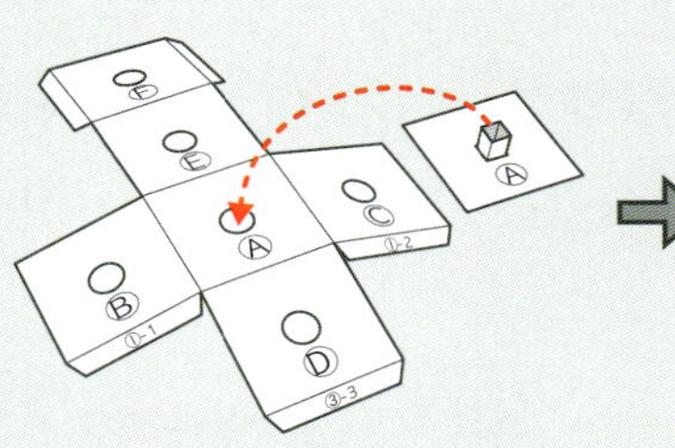 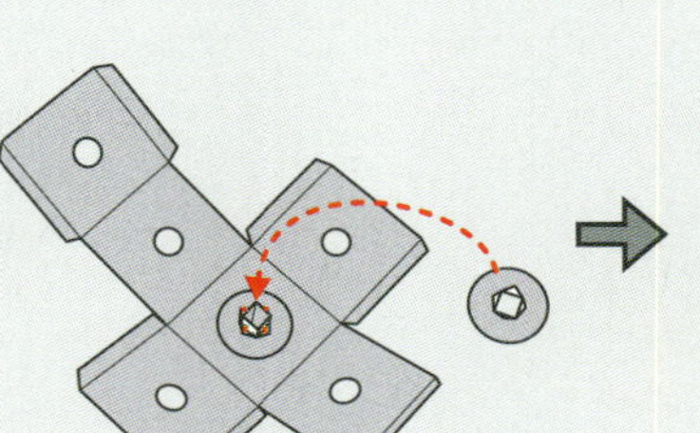 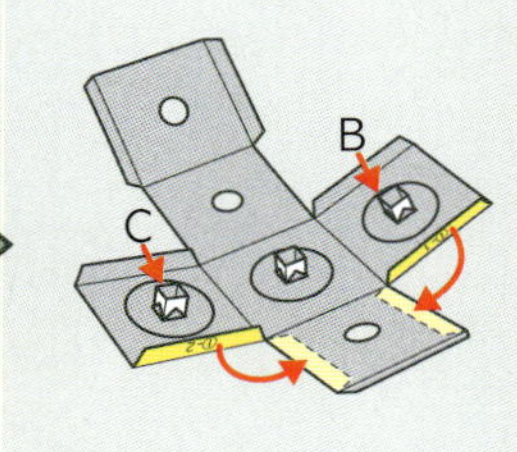

❽ 같은 방법으로 파트 D를 붙이고, ②-1과 ②-2를 각각 붙인다.

❾ 같은 방법으로 파트 E와 F를 붙이고, ③-1, ③-2, ③-3에 본드를 바르고, 형태를 잘 잡으면서 붙인다.

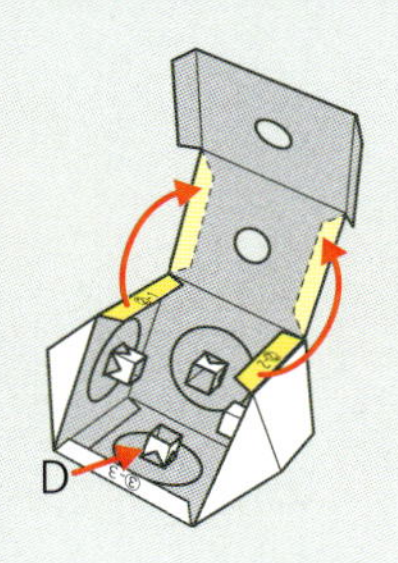 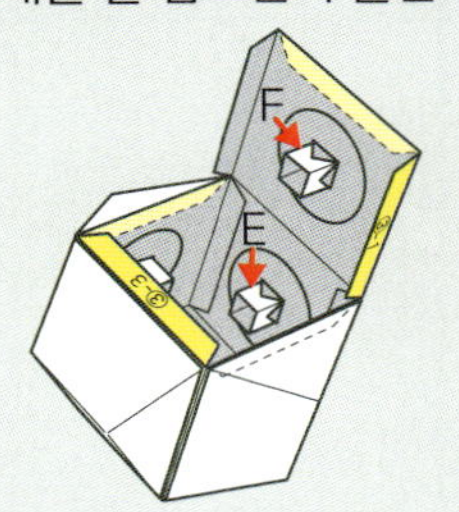 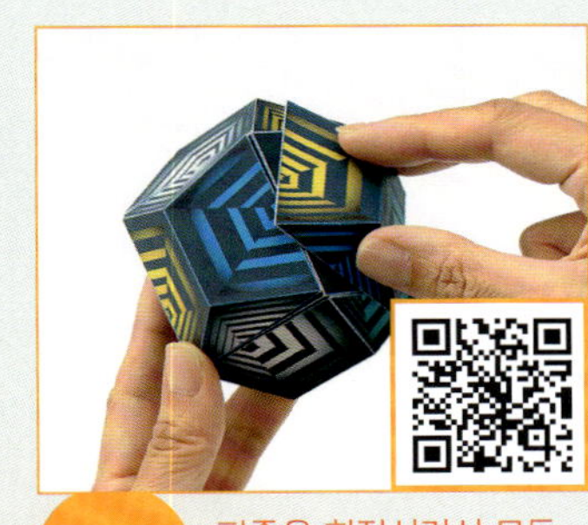

놀이법 퍼즐을 회전시켜서 모든 면의 색을 섞어 준다.

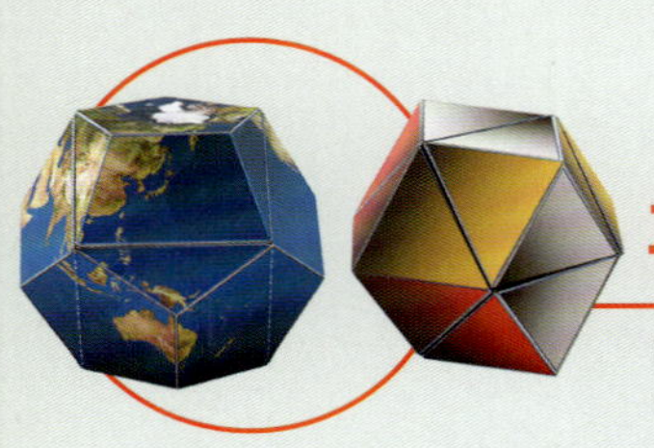

지구 십이면체

도안 53~56쪽 | 완성 작품 4쪽 | 난이도 ●●○

- 필요한 도구 : 8쪽 참조 / 지름 20mm, 두께 5mm의 자석 10개 / 유성펜
- 준비 : 만들기 방법(8~9쪽)의 1~4까지 준비한다.　　※ 페라이트 동전자석을 사용하는 것이 좋다.(네오디움 자석 금지)

❶ 자석을 10개 쌓아 붙여 놓고, 가장 위의 자석에 유성펜으로 동그라미를 그린다. 동그라미를 그린 자석은 떼어서 옆으로 놓고, 다음의 자석에 동그라미를 그린다. 모든 자석에 마찬가지로 동그라미를 그린다. (S극과 N극 구별)

❷ 동그라미 표시에 주의하여 그림과 같이 자석을 놓는다. 그리고 ★을 붙인다. 자석을 붙였다 떼였다를 반복하므로 구석구석까지 꼼꼼히 본드를 발라 단단하게 붙여 준다.

❸ ①-1과 ①-2를 각각 붙인다.

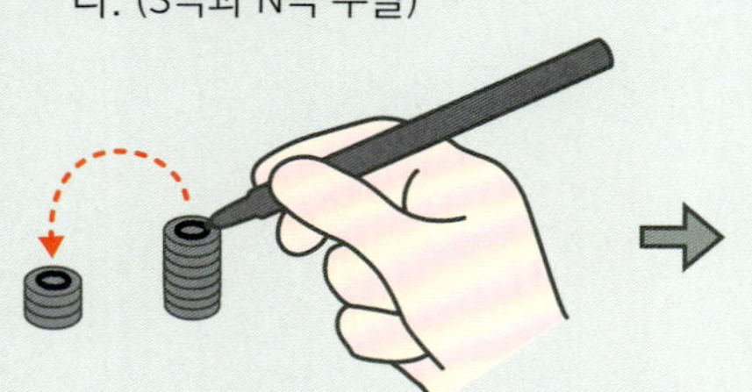

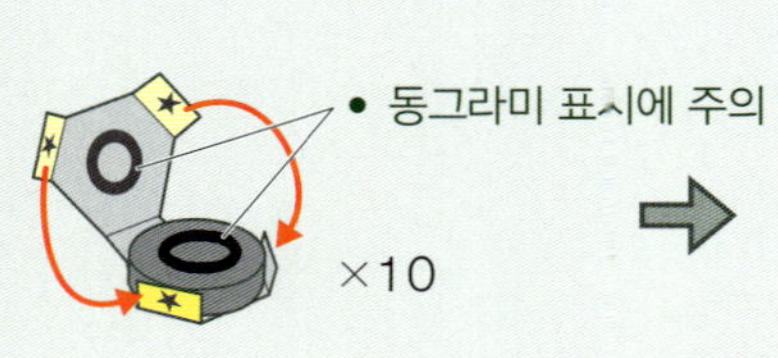

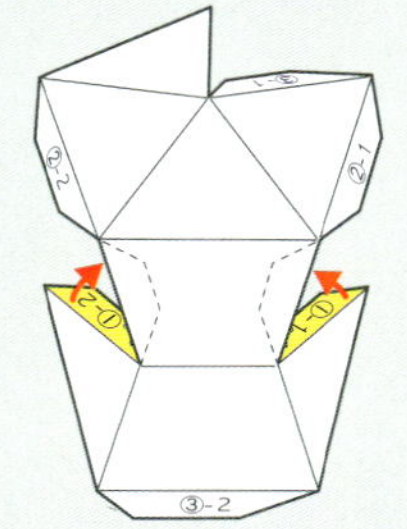

❹ 표시에 맞춰서 자석을 붙인다. (도안마다 자석을 붙이는 경우와 방향이 다르므로 주의)

❺ ②-1과 ②-2를 각각 붙인다.

❻ ③-1과 ③-2에 본드를 바르고, 형태를 잘 잡으면서 붙인다.

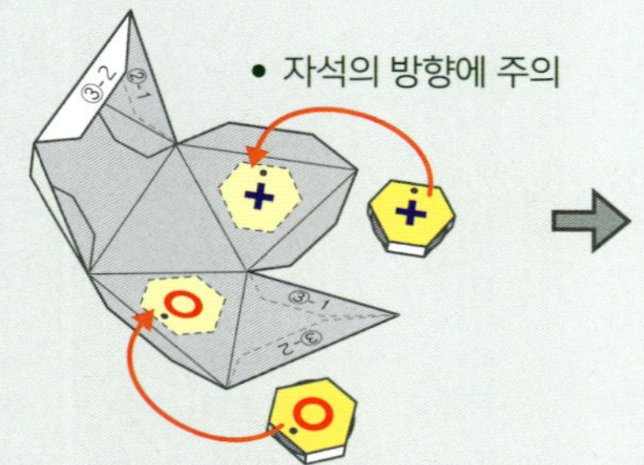

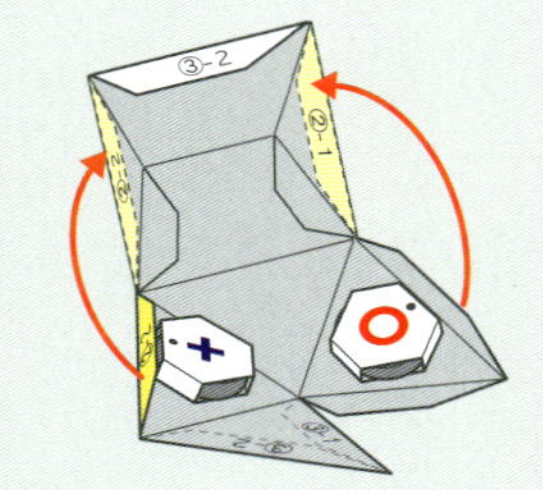

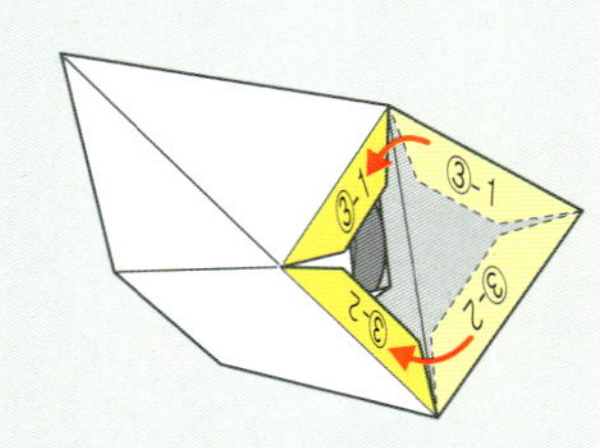

❼ Ⓐ-1부터 Ⓔ-1을 붙인다.

❽ 번호를 맞춰서 그림과 같은 십이면체를 자석의 힘을 이용해 만든다. 모양을 만들기 전에 붙이지 않는다.

❾ 만들어진 상태로 Ⓐ-2에서 Ⓔ-2를 형태를 잡아 주면서 붙인다.

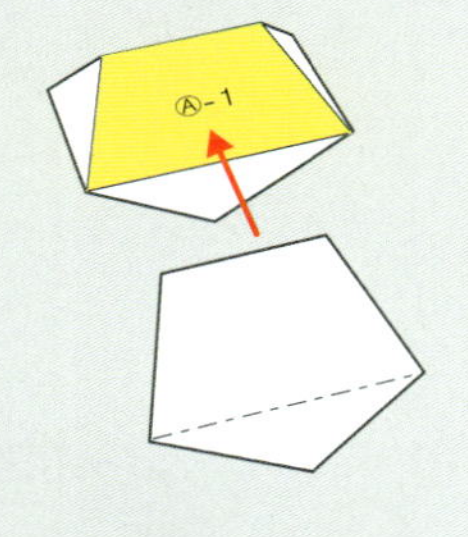

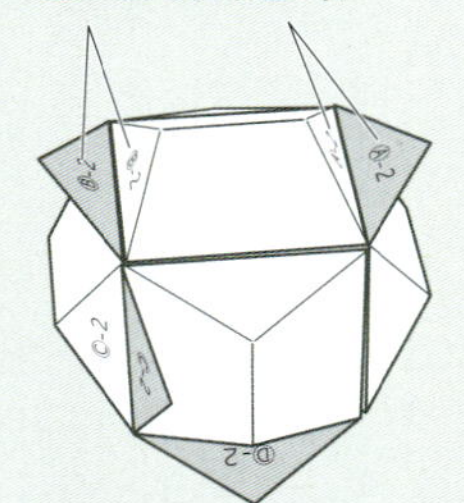

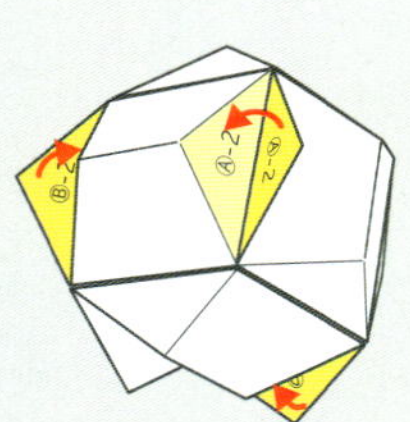

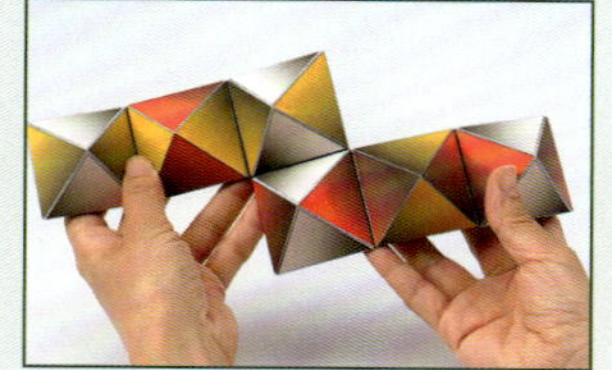

- 펼치면 이런 느낌

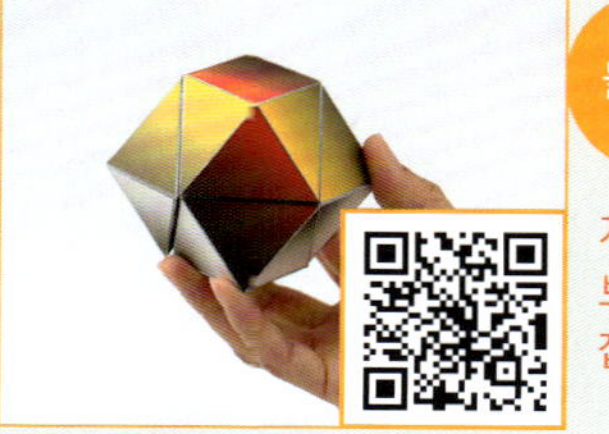

놀이법

지구 그림의 반대 방향이 보이도록 둥글게 말아 잡고 공중으로 던진다.

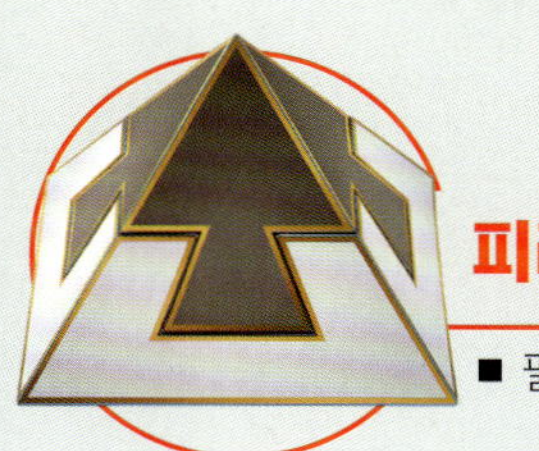

피라미드 정사면체

■ 필요한 도구 : 8쪽 참조　■ 준비 : 만들기 방법(8~9쪽)의 1~4까지 준비한다.

- 다른 쪽의 도안이 섞이지 않게 주의한다. 풀칠 부분의 번호 색깔로 구별할 수 있다.

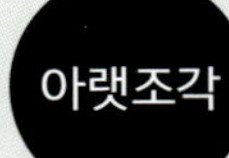

아랫조각

❶ ①을 붙인다. 계속해서 ②부터 ⑤까지 붙인다.

❷ 안쪽에 ⑥을 붙인다. 계속해서 ⑦과 ⑧을 감싸듯이 붙인다. 같은 방법으로 ⑰까지 붙인다.

❸ ⑱부터 ㉑까지 붙인다. 보라색 부분은 본드를 바르지 않고 안쪽으로 접어서 넣는다.

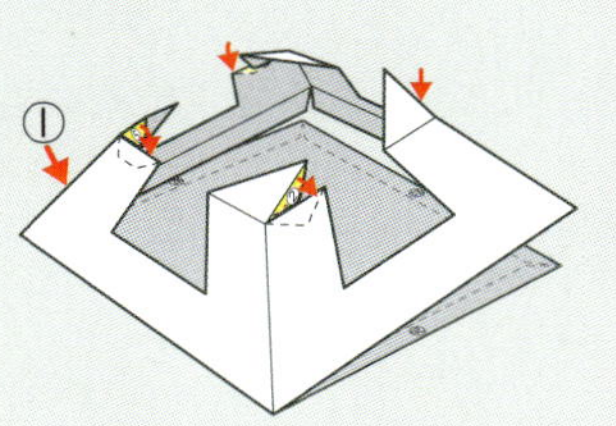

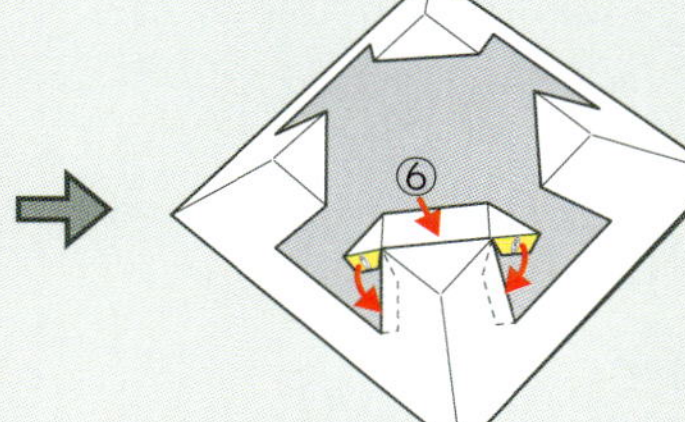

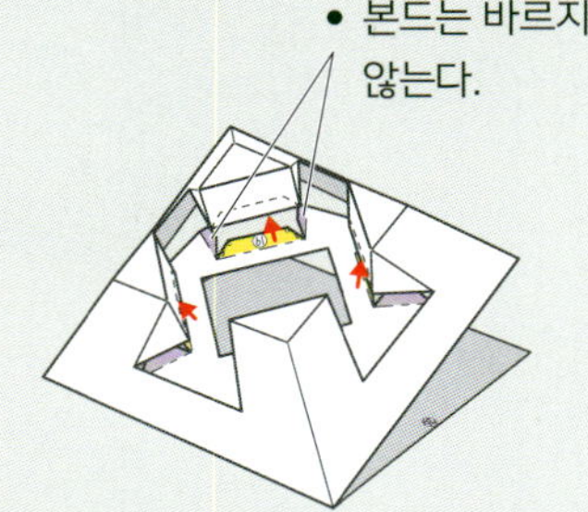

❹ ㉒부터 ㉕까지 붙인다.

❺ ㉖부터 ㉘까지 한꺼번에 본드를 바르고, 형태를 잡아 가면서 붙인다.

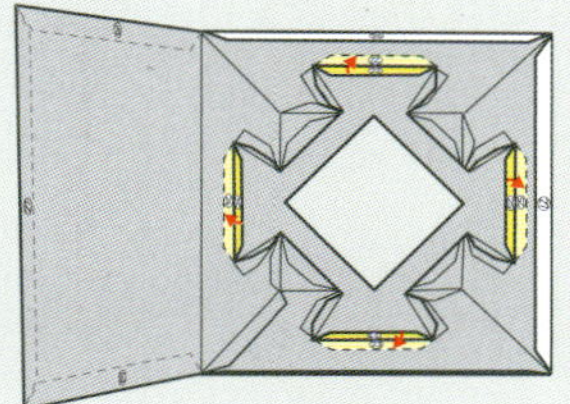

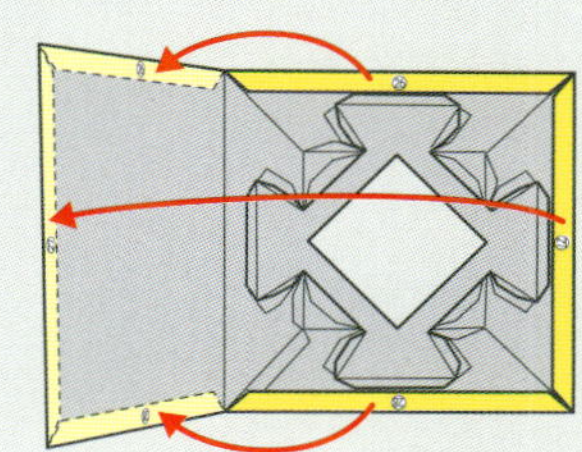

윗조각

❶ ①을 붙인 후 ②부터 ⑤까지 붙인다.

❷ ⑥을 붙인다. 이어서 보라색 부분을 안쪽으로 넣으면서 ⑦을 붙인다. 같은 방법으로 ⑬까지 붙인다.

❸ 보라색 부분을 안쪽에 넣으면서 ⑭을 붙인다. 같은 방법으로 ⑰까지 붙인다.

❹ ⑱부터 ㉑까지 붙인다.

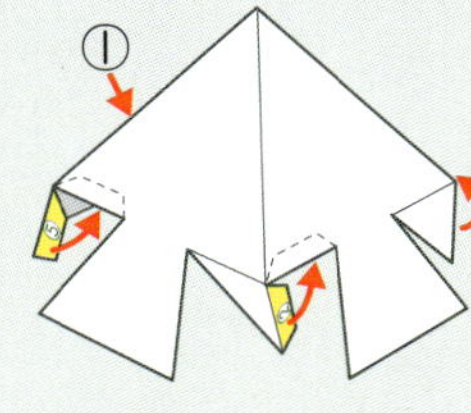

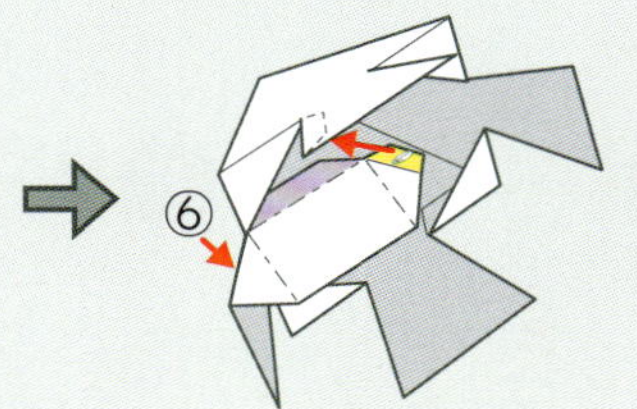

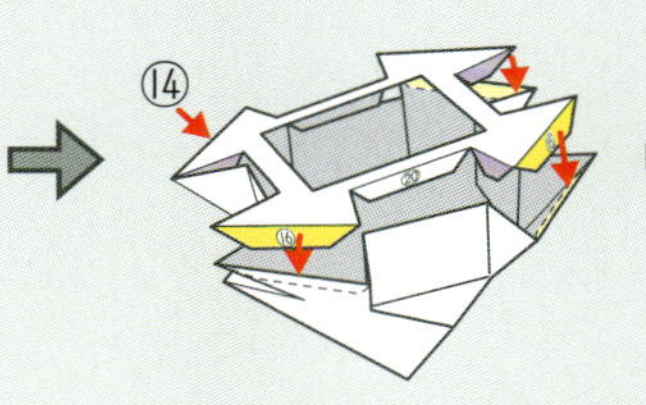

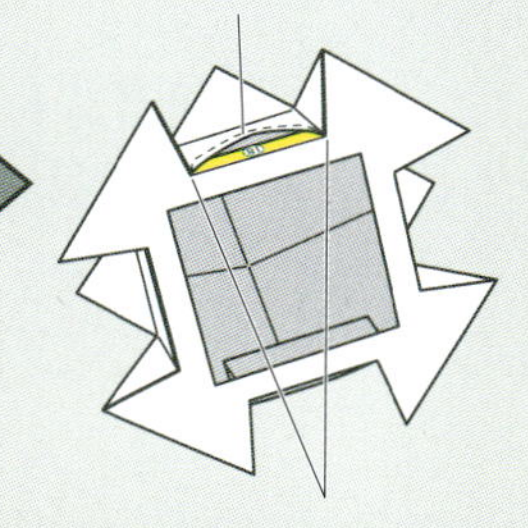

- 모서리를 확실히 안쪽으로 넣는다.

숨김상자

❶ ①을 붙인다. 계속해서 ②부터 ④까지 본드를 바르고, 형태를 만들어 가면서 붙인다.

❷ 그림과 같이 뚜껑 부분을 완성한다.

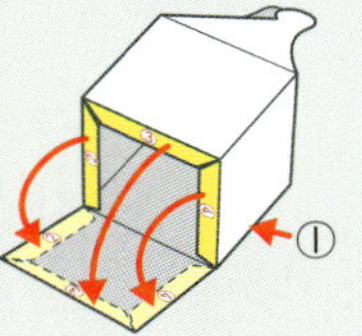

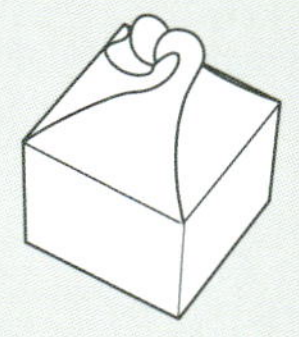

아랫조각의 구멍에 상자를 넣고, 윗조각을 위에서 끼워 넣는다.

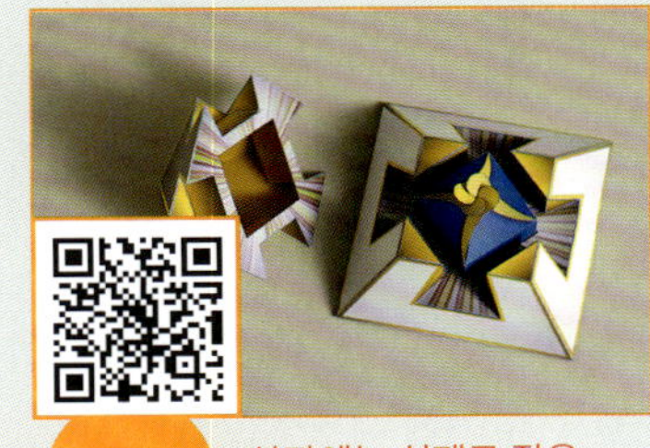

사용법 상자에는 실제로 작은 물건을 넣을 수 있다.

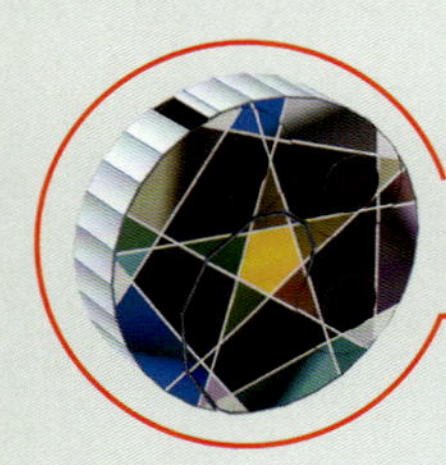

공벌레 원기둥

- 필요한 도구 : 8쪽 참조 / 100원 동전 6개 / 지름 20mm, 두께 5mm의 자석 2개 / 유성펜
- 준비 : 만들기 방법(8~9쪽)의 1~4까지 준비한다.
※ 페라이트 동전자석을 사용하는 것이 좋다.(네오디움 자석 금지)

❶ 자석을 2개 붙여 놓고, 맨 윗면에 유성펜으로 동그라미를 그린다. 첫째 자석을 떼어서 옆으로 놓고, 남은 자석 윗면에 동그라미를 그린다. (S극과 N극 구별)

❷ 동그라미 표시에 주의하여 그림과 같이 자석을 놓고 그림처럼 접어 ★을 붙인다. 자석이 서로 붙기 때문에 구석구석까지 본드를 발라서 단단하게 붙여 준다.

❸ 회전축을 그림처럼 접어 붙인다. 축 안내판 1에 축을 끼우고, 그림처럼 축 한쪽을 펼쳐 놓은 후 펼친 부분에 본드를 바른다. 스토퍼를 붙인 후 축 안내판을 뺀다. 축 안내판에 본드가 묻지 않도록 조심한다. 같은 요령으로 2와 3의 축을 만든다.

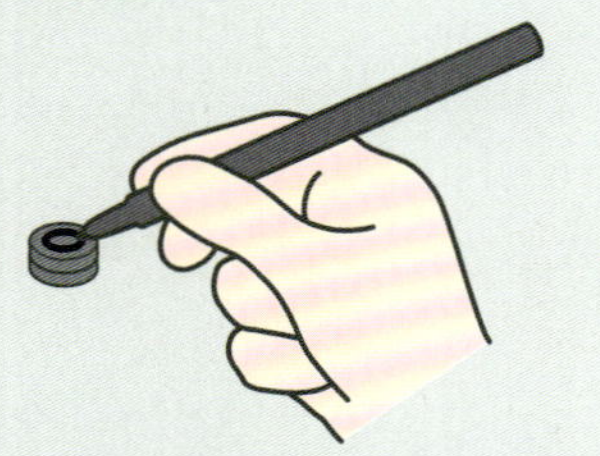

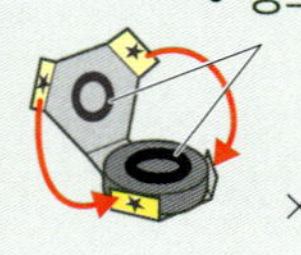

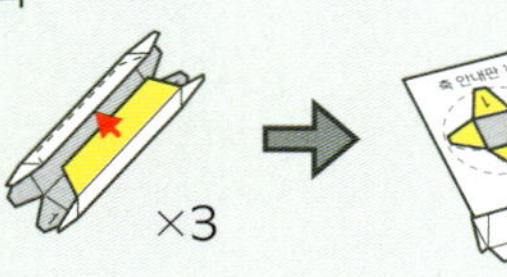

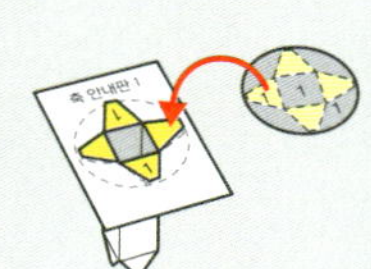

❹ ★을 붙인다. 100원 동전 6개를 겹쳐서 안에 넣고, ★★을 붙인다.

❺ A를 붙이고 옆쪽의 같은 색깔 풀칠 부분을 붙여 나간다. B를 붙이고 옆의 같은 색깔 풀칠 부분을 붙여 나간다.

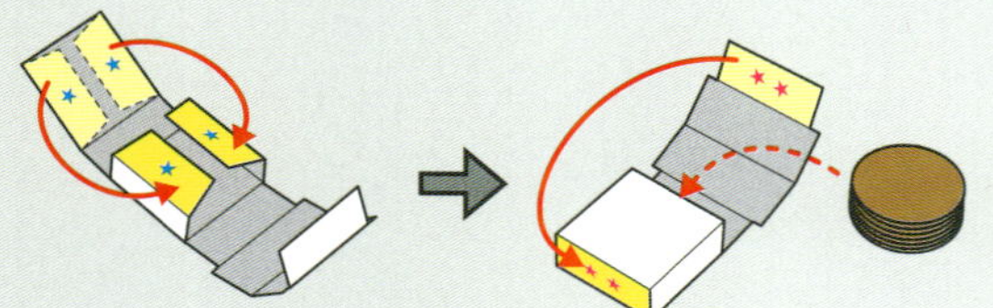

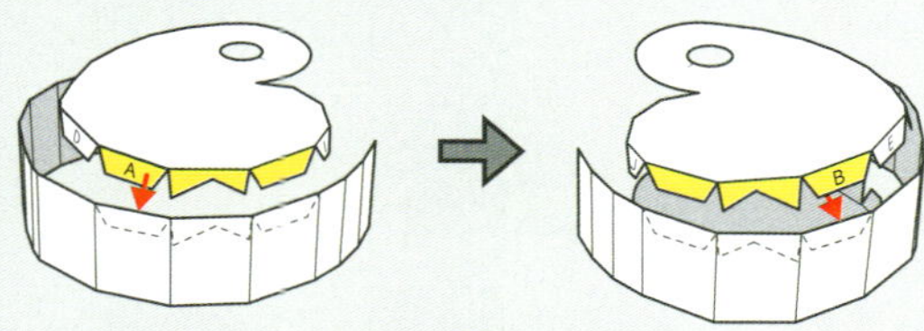

- 익숙해지면 풀칠 부분 여러 곳에 한꺼번에 본드를 바르고 붙여 빨리 작업할 수 있다.

❻ C를 붙인다. 자석이 붙는 부분이므로 구석구석까지 본드를 발라서 단단하게 붙여 준다.

❼ D열에 본드를 바르고 붙인 후, 이어서 E열을 붙인다.

❽ F를 붙인다.

❾ K열을 붙인 후에 L열을 붙인다. 이어서 M열을 붙이고 반대쪽도 붙인다.

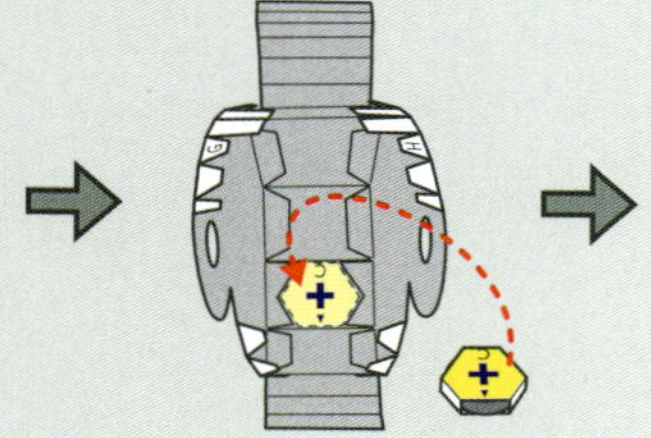

- 자석의 방향에 주의

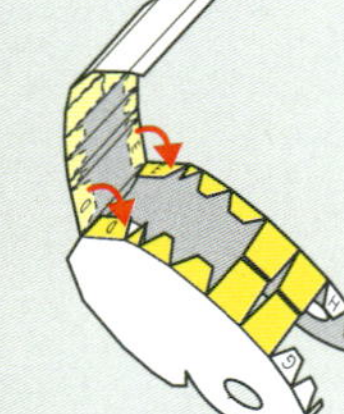

G에서 J까지 순서대로 붙여 나간다.

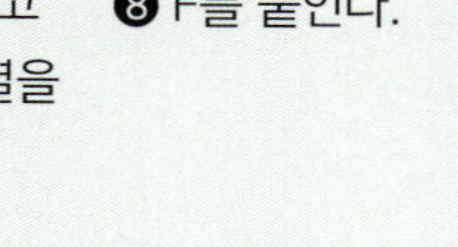

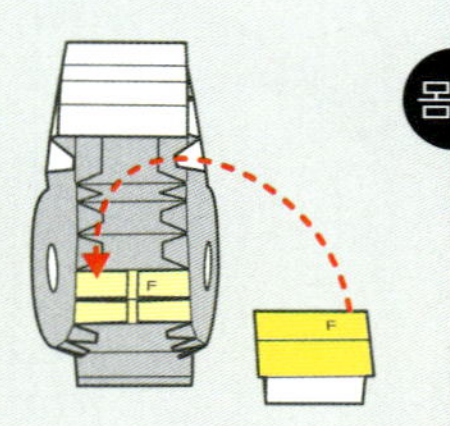

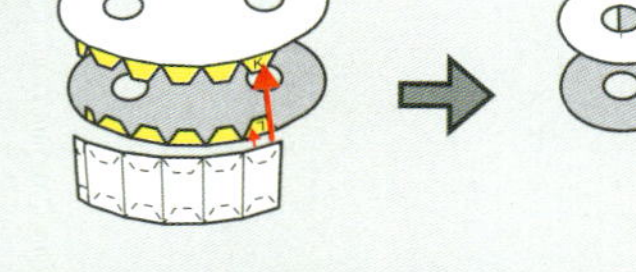

- 같은 요령으로 N에서 P까지 붙여서, 몸통을 2개 만든다.

❿ Q열에 본드를 바르고 붙인 후 R열을 붙인다.

⓫ S를 붙인다.

⓬ T열을 붙이고, 이어서 U열을 붙인다. 꼬리 끝은 그림과 같이 붙이지 말고 안쪽으로 접어 넣는다.

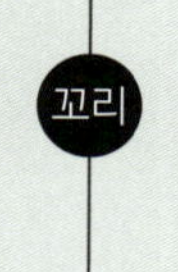

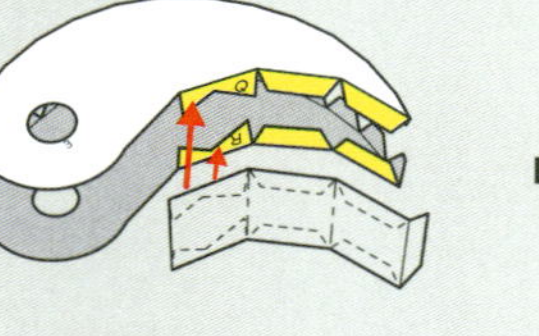

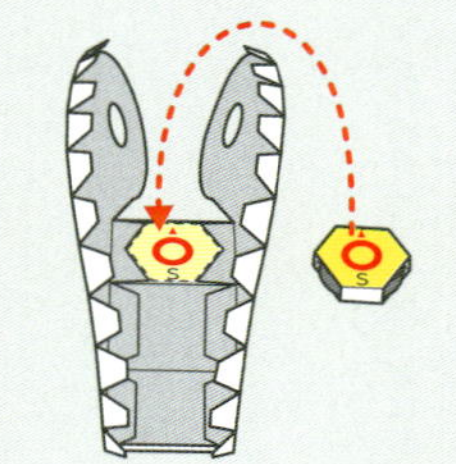

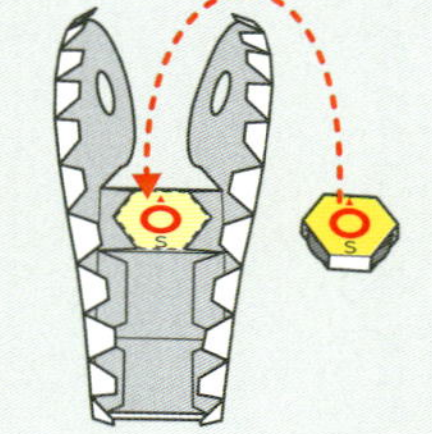

O 곳은 풀칠하지 않고 그림과 같이 안쪽으로 접어 넣는다.

- 자석의 방향에 주의

❸ 숫자와 구멍의 위치를 맞춰서 머리 부분에 몸통 1 파트를 겹친다. 겹치는 조각의 겉면은 바깥으로 겹친다. 이어서 같은 숫자의 회전축을 넣어 준다.

❹ 뒤집어서 회전축의 풀칠 부분을 펼치고, 축 안내판 2를 끼운 후 스토퍼를 붙이고 축 안내판을 뺀다. 축 안내판에 본드가 묻지 않도록 주의한다.

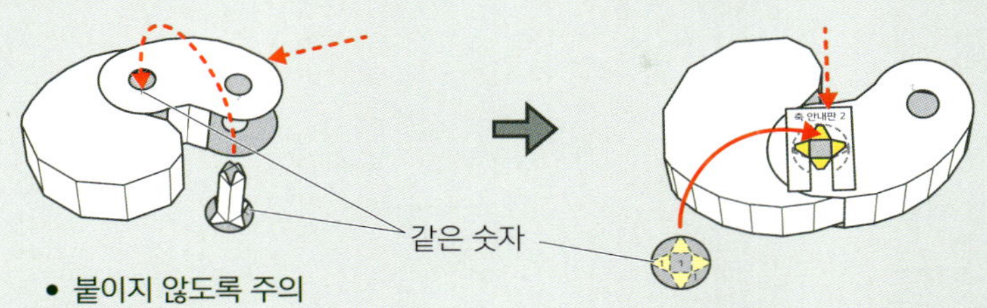

• 붙이지 않도록 주의

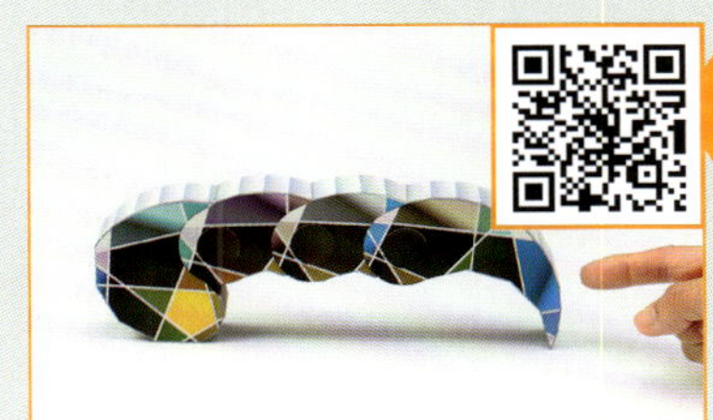

같은 요령으로 번호를 맞춰가면서 모든 파트를 연결한다.

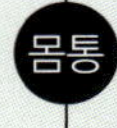

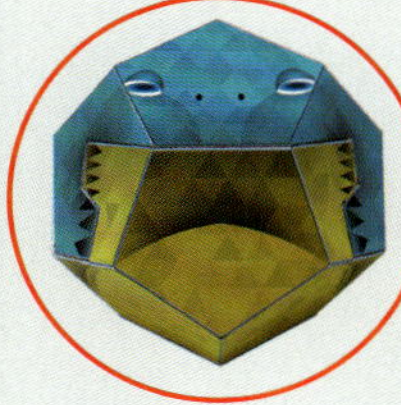

개구리 십이면체

도안 45~48쪽 | 완성 작품 6쪽 | 난이도 ●●●

■ 필요한 도구 : 8쪽 참조 / 10원 동전 4개 / 이쑤시개 2개
■ 준비 : 만들기 방법(8~9쪽)의 1~4까지 준비한다.

• 다른 쪽의 도안이 섞이지 않도록 주의한다. 풀칠 부분의 번호 색깔로 구별할 수 있다.

❶ 이쑤시개를 도안의 가이드에 맞춰서 자르고, 표시를 한다.

❷ 10원짜리 동전을 2개 겹쳐서 놓고 나서 ①을 붙인다.

❸ ②를 붙인다.

❹ 이쑤시개를 표시에 맞춰 놓고, 이쑤시개와 ③을 붙인다.

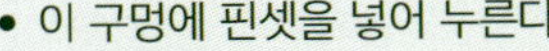

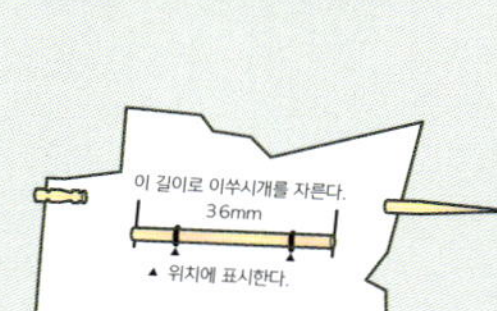

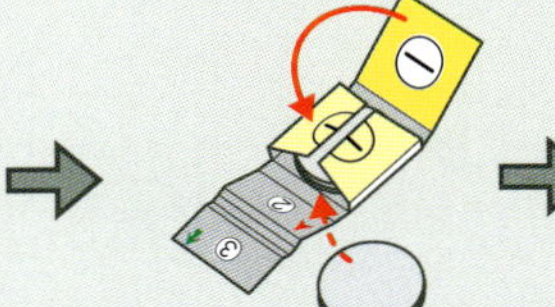

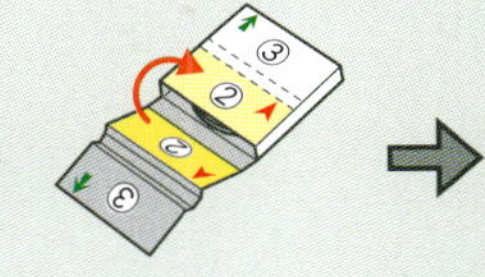

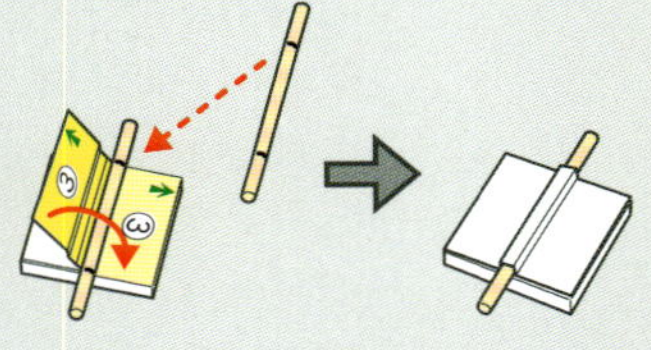

❺ ④부터 ⑬까지 순서대로 한 곳씩 붙인다. ⑫와 ⑬을 붙일 때는 바닥 쪽 구멍으로 핀셋을 넣어서 모양을 잡아 가며 누른다.

❻ ⑭부터 ㉔까지 순서대로 하나씩 붙인다.

❼ ㉕부터 ㉘까지 순서대로 하나씩 붙인다.

• 이 구멍에 핀셋을 넣어 누른다.

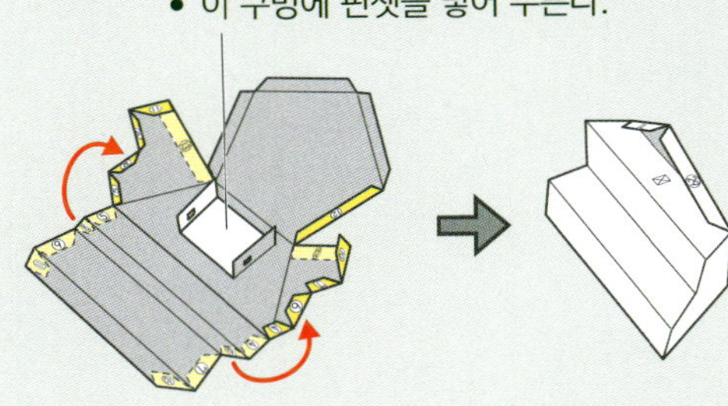

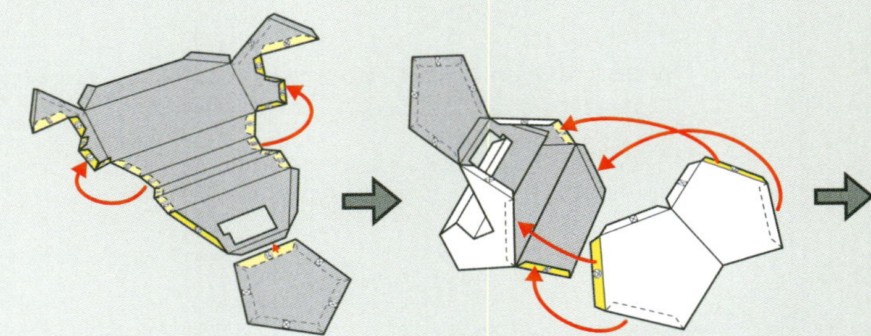

❽ ㉙와 ㉚에 본드를 발라서 붙인다.

❾ 그림과 같이 접는 금이 생기지 않을 정도로 잡고 올린 후 본드를 바르고 ㉛을 붙인다.

❿ ㉜부터 ㉟까지 본드를 바르고, 형태를 잡아 주면서 붙인다.

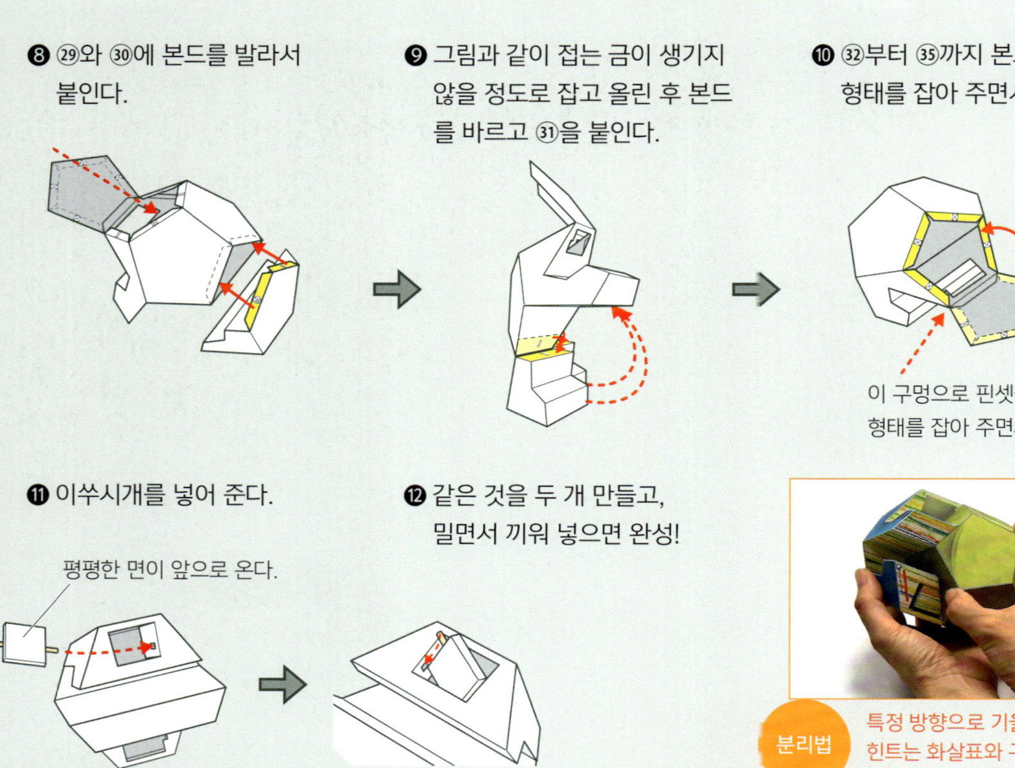

이 구멍으로 핀셋을 넣고 형태를 잡아 주면서 눌러 준다.

⓫ 이쑤시개를 넣어 준다.

평평한 면이 앞으로 온다.

⓬ 같은 것을 두 개 만들고, 밀면서 끼워 넣으면 완성!

분리법 특정 방향으로 기울여 본다. 힌트는 화살표와 구름 마크. 잘 안 되는 사람은 동영상 체크!

※ 조립법과 놀이법은 http://youtube.com/user/gilbutkid에서 볼 수 있습니다.
※ 새와 물고기 다면체(5쪽)의 도안을 다운로드할 수 있습니다.

움직이는 페이퍼 토이 ❷
조립하고, 구르고, 변신하는 다면체

나카무라 하루키 지음 | 이정아 옮김

1판 1쇄 펴낸날 2018년 4월 30일 | **1판 3쇄 펴낸날** 2021년 1월 26일
펴낸이 이충호 | **펴낸곳** 길벗어린이(주)
등록번호 제10-1227호 | **등록일자** 1995년 11월 6일
주소 04000 서울시 마포구 월드컵북로 45 에스디타워비엔씨 2F
대표전화 02-6353-3700 | **팩스** 02-6353-3702 | **홈페이지** www.gilbutkid.co.kr
편집 송지현 임하나 이현성 황설경 문서현 | **디자인** 이지아 김연수 송윤정
마케팅 호종민 김서연 황혜민 강경선 | **총무·제작** 임희영 최유리 김정숙
ISBN 978-89-5582-451-3 14630

OTONA NO PAPER CRAFT KIKAGAKU KAMIKARA by Haruki Nakamura
Copyright ⓒ Haruki Nakamura 2016
All rights reserved.
First published in Japan by NIHONBUNGEISHA, Co., Ltd., Tokyo
Korean edition copyright ⓒ 2018 by Gilbut Children Publishing Co., Ltd.
This Korean edition published by arrangement with NIHONBUNGEISHA Co., Ltd., Tokyo
in care of Tuttle-Mori Agency, Inc., Tokyo through AMO Agency, Seoul.

이 책의 한국어판 저작권은 Amo 에이전시를 통해 저작권자와 독점 계약한 길벗어린이(주)에 있습니다.
신저작권법에 의해 한국 내에서 보호를 받는 저작물이므로 무단전재와 무단복제를 금합니다.

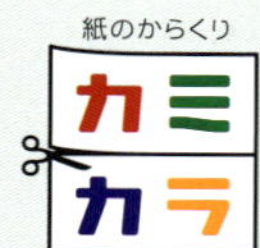

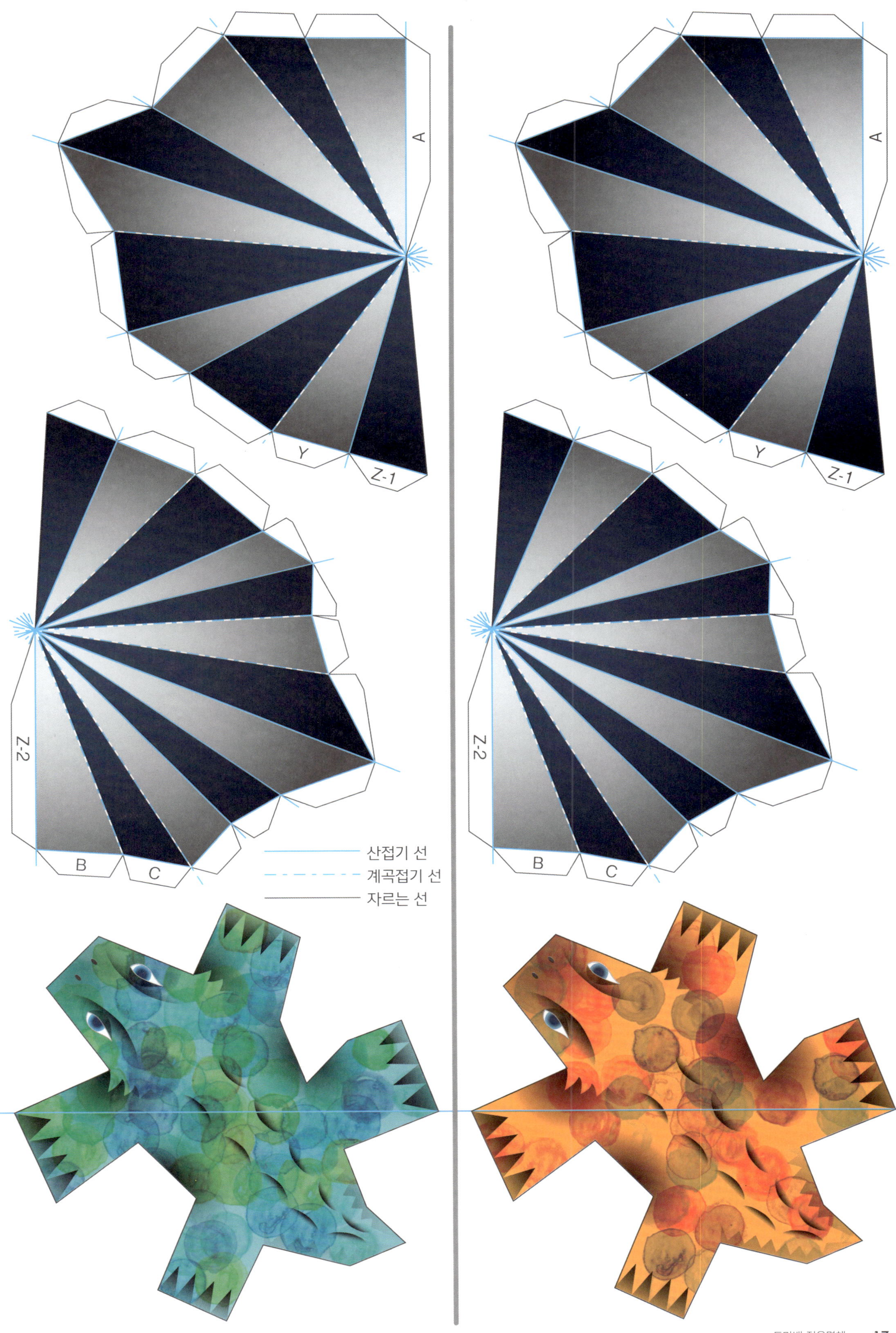

A
Y
Z-1
Z-2
B
C
산접기 선
계곡접기 선
자르는 선

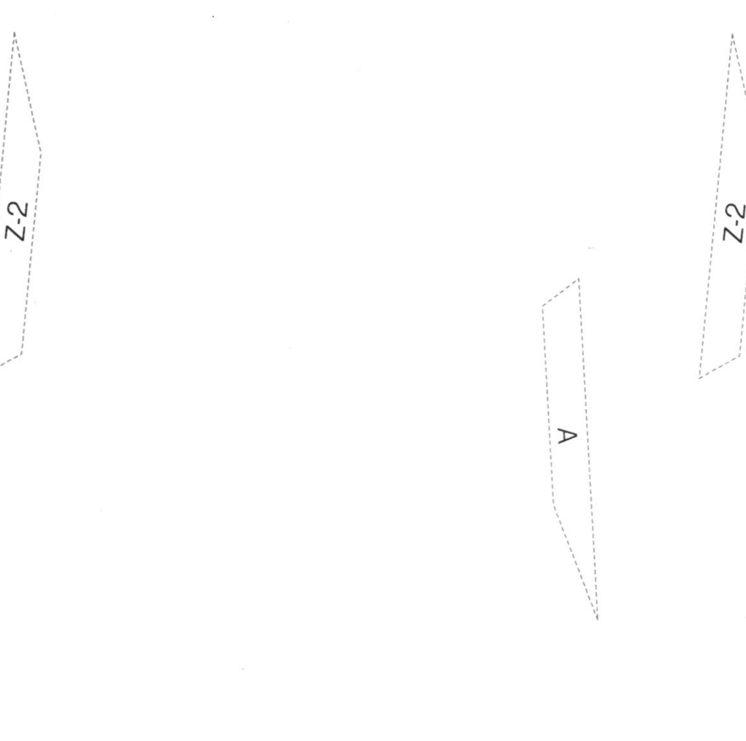

Z-2
Z-2
A
A

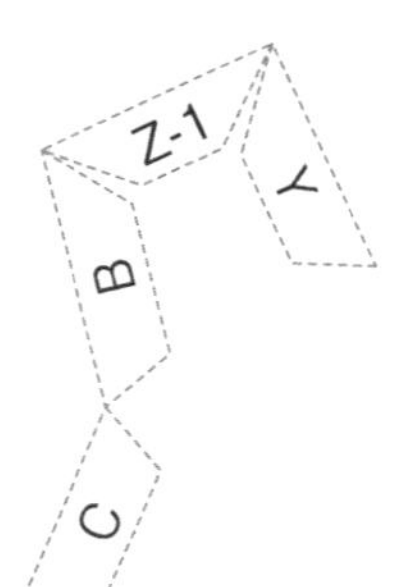

Z-1
B
C
Y

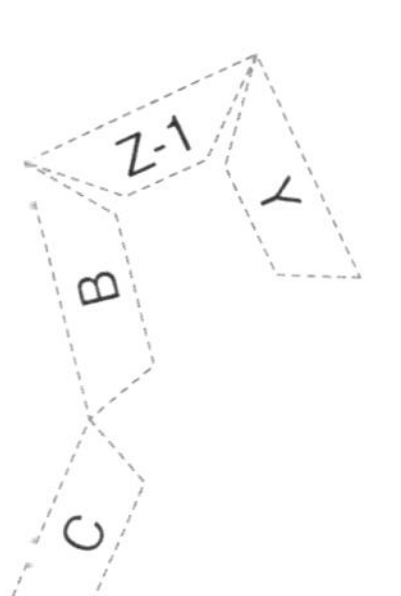

Z-1
B
C
Y

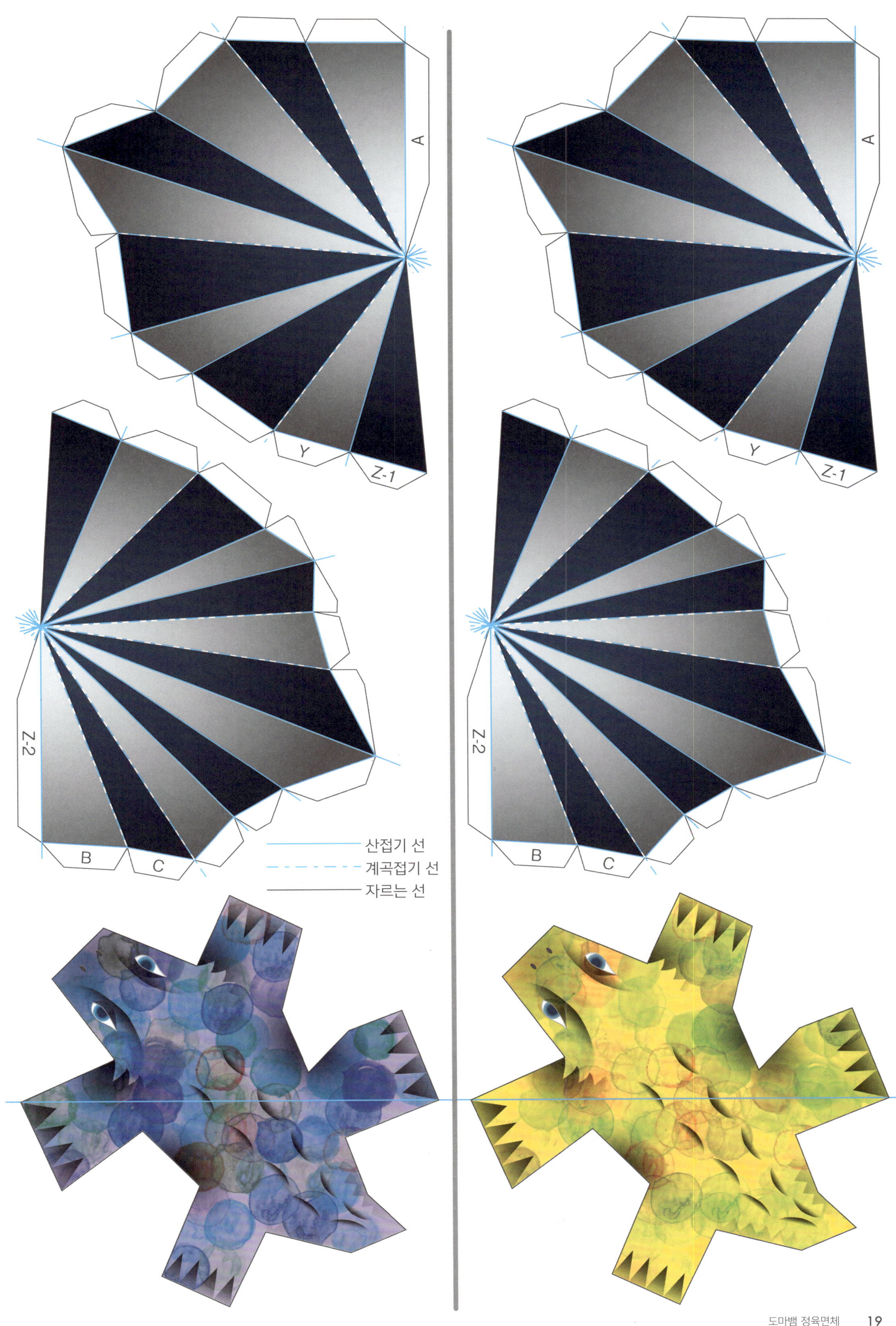

A
Y
Z-1
Z-2
B
C
산접기 선
계곡접기 선
자르는 선

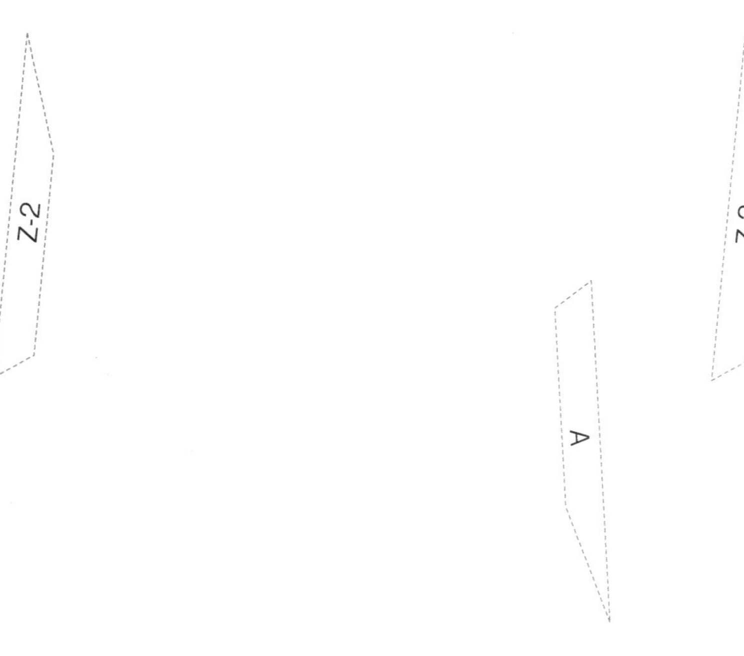

Z-2
A
Z-2
A

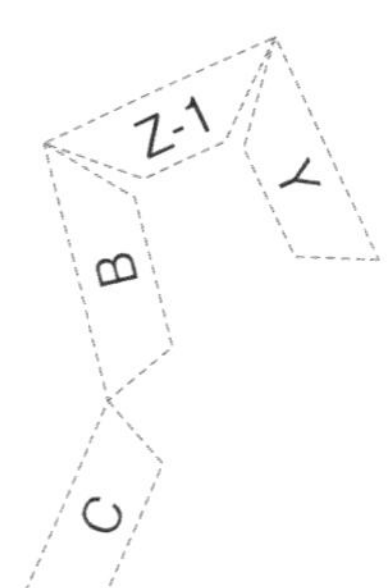

Z-1
C
B
Y

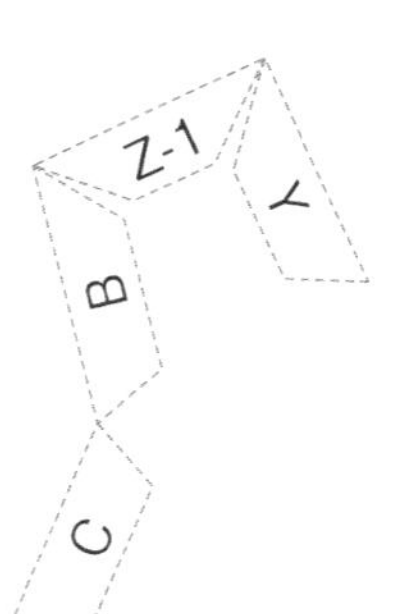

Z-1
C
B
Y

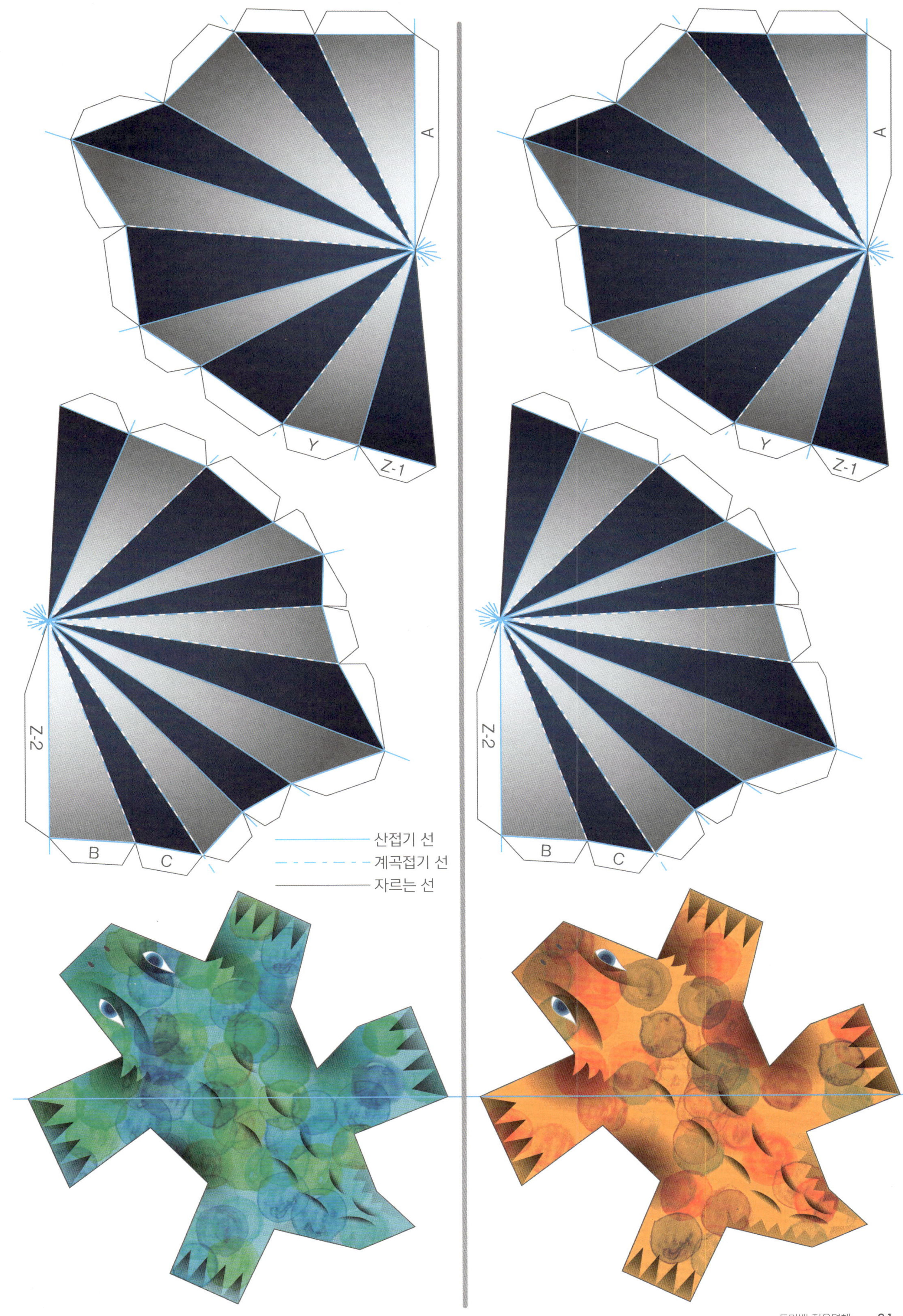
A
Y
Z-1
Z-2
B
C
산접기 선
계곡접기 선
자르는 선

Z-2
A
Z-2
A
Z-1
B
C
Y
Z-1
B
C
Y

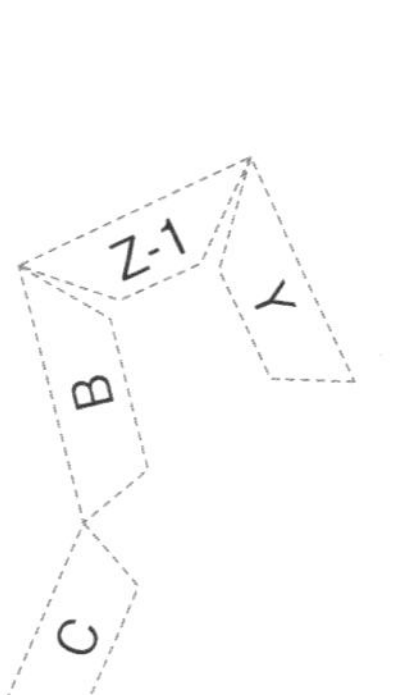

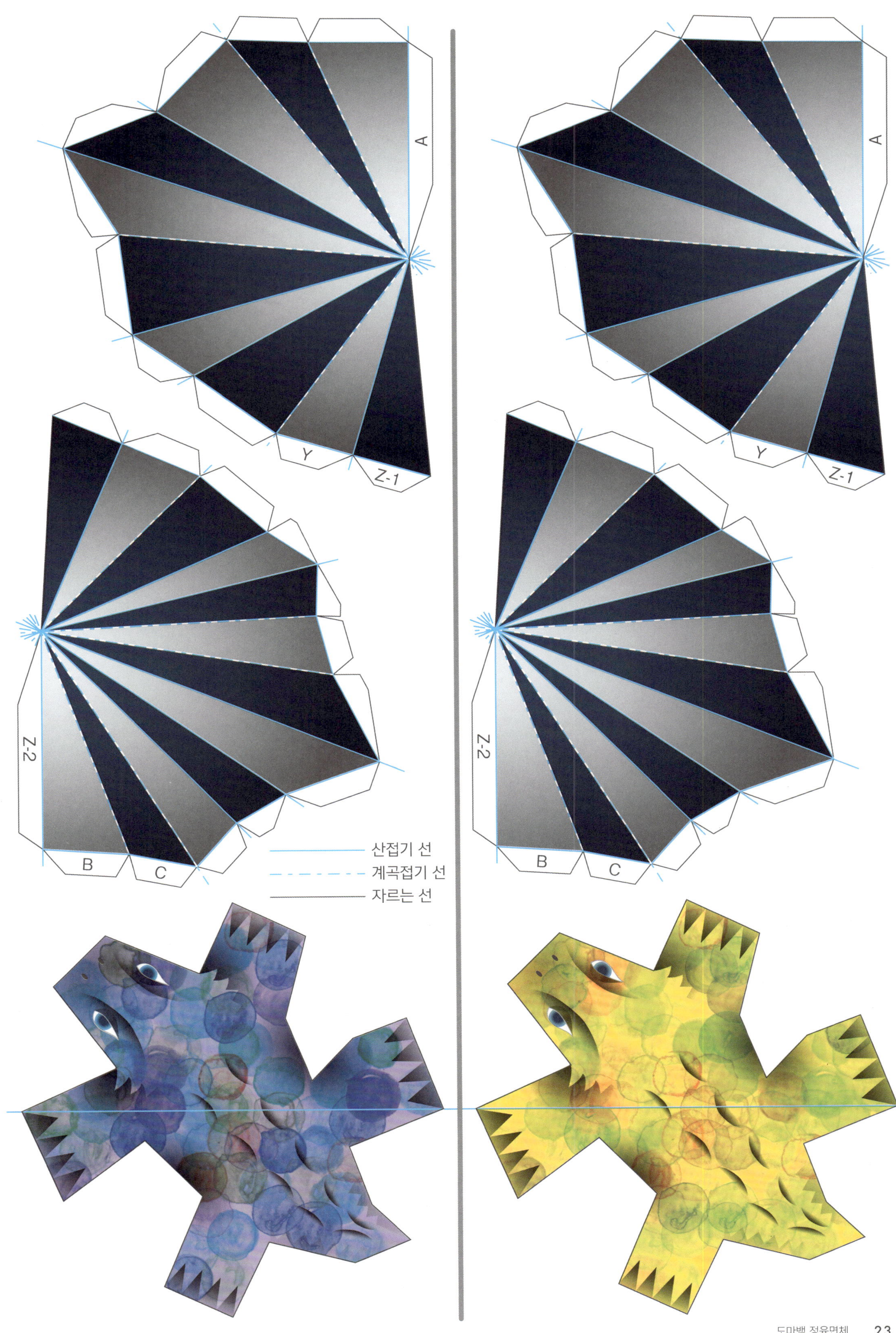

A
Y
Z-1
Z-2
B
C
산접기 선
계곡접기 선
자르는 선

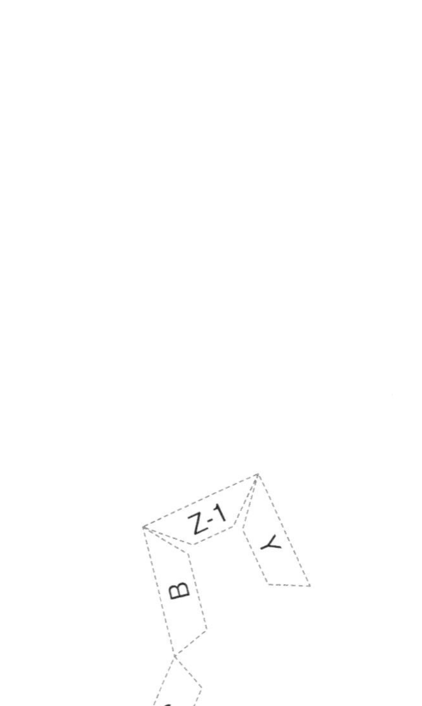

Z-2
A
Z-2
A
Z-1
B
C
Y
Z-1
B
C
Y

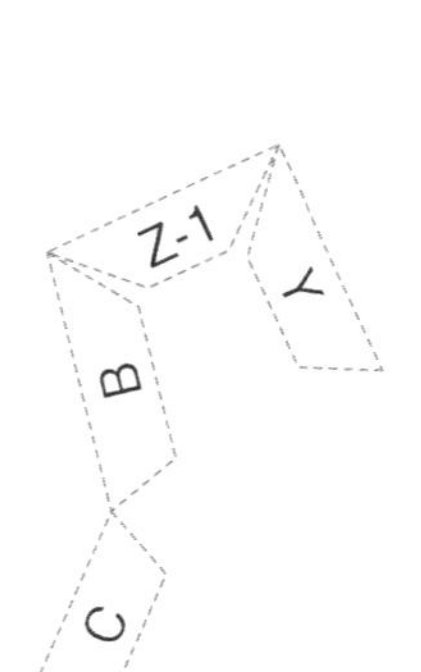

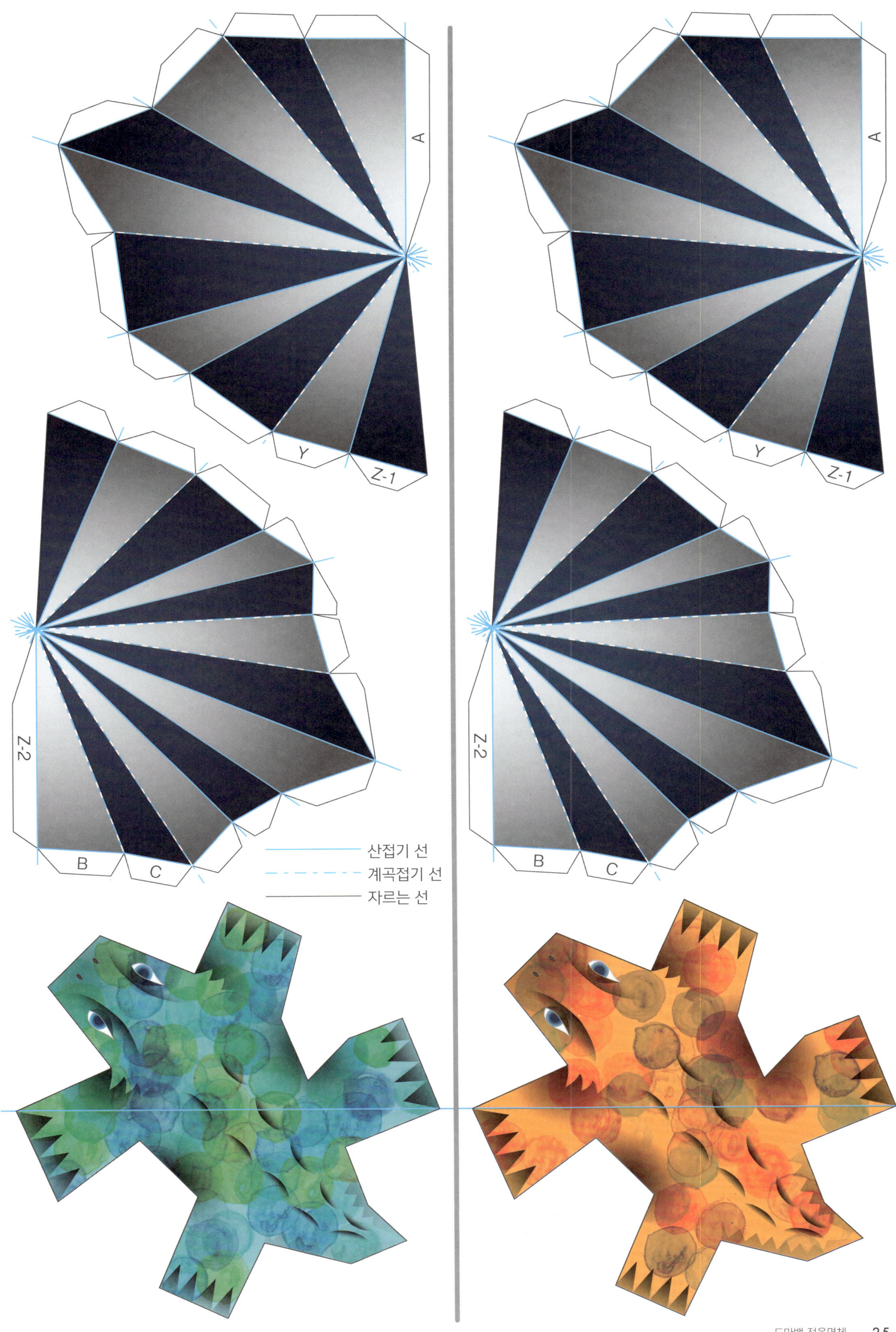

A
Y
Z-1
Z-2
B
C
산접기 선
계곡접기 선
자르는 선

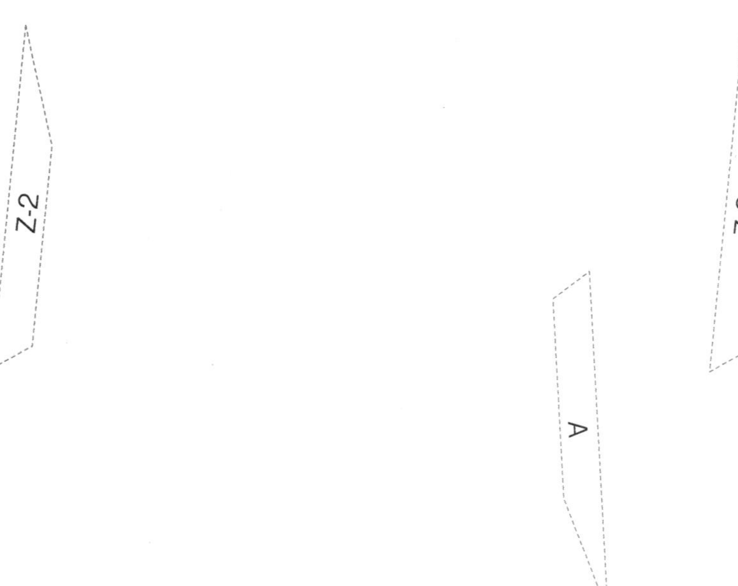

Z-2
A
Z-2
A

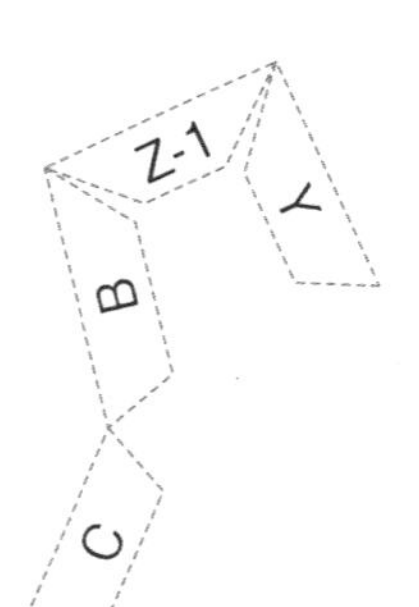

Z-1
C
B
Y

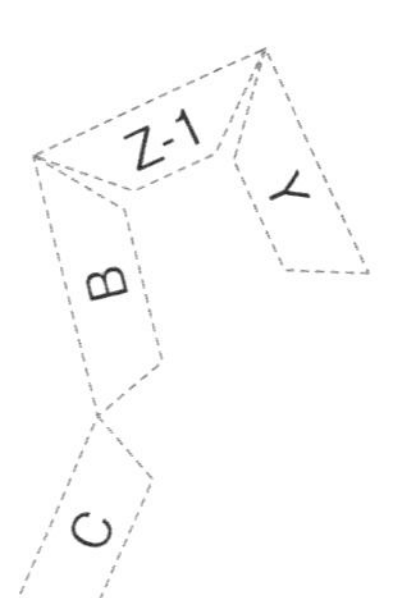

Z-1
C
B
Y

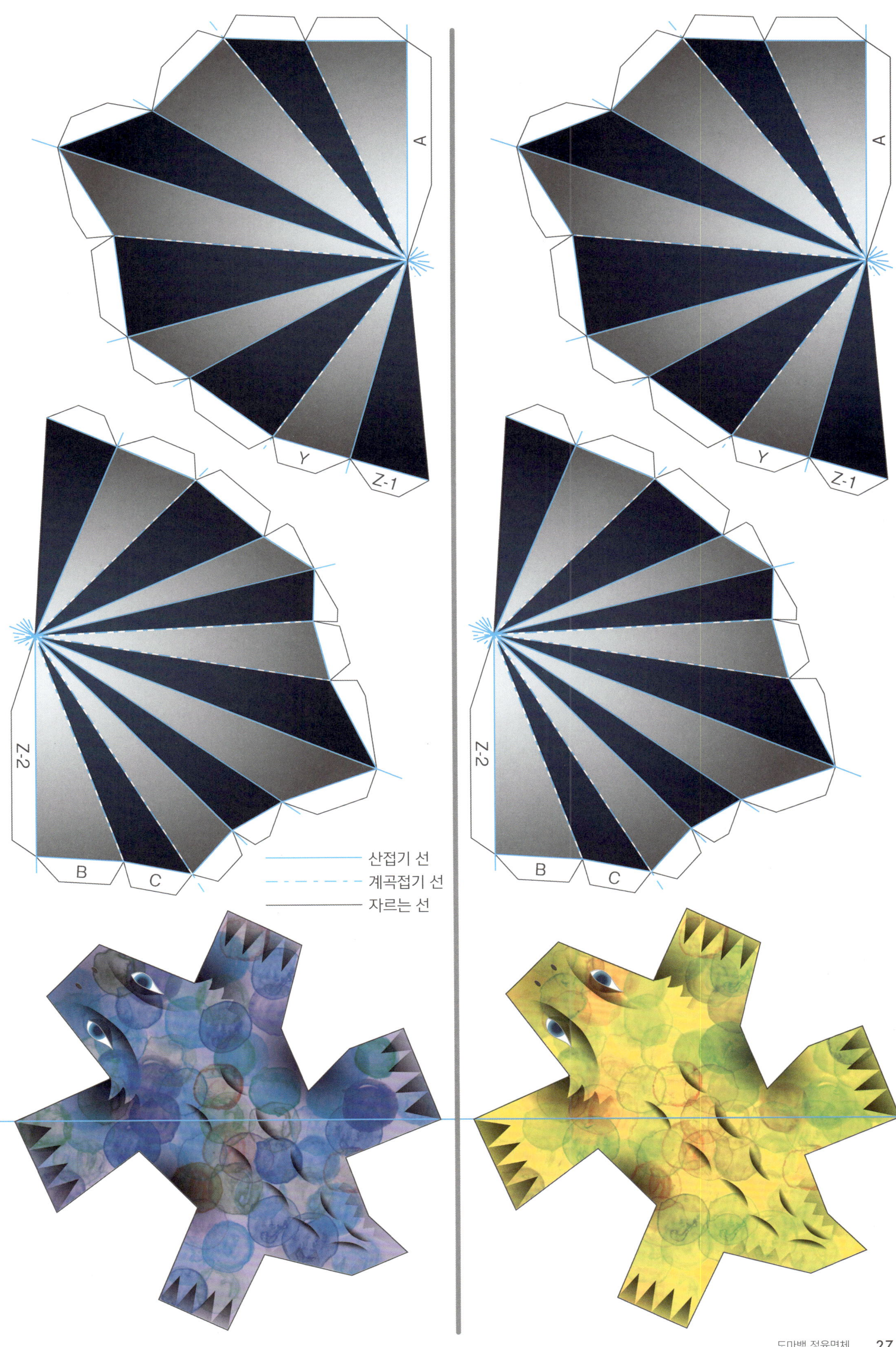

A
Y
Z-1
Z-2
B
C
산접기 선
계곡접기 선
자르는 선

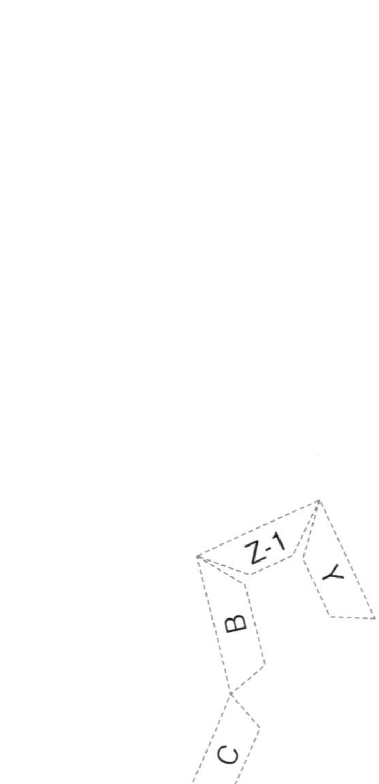

Z-1
B
C
Y

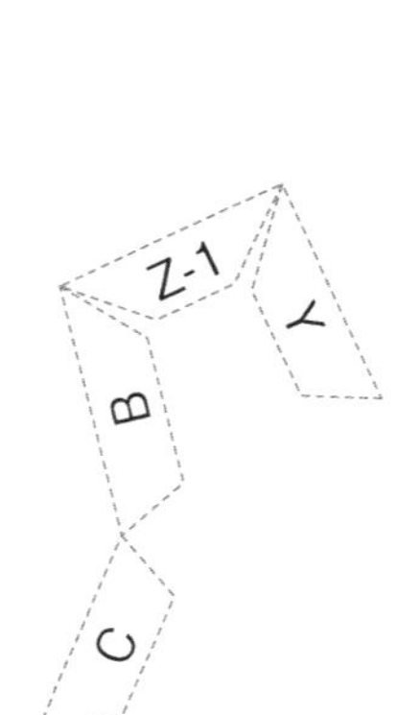

Z-1
B
C
Y

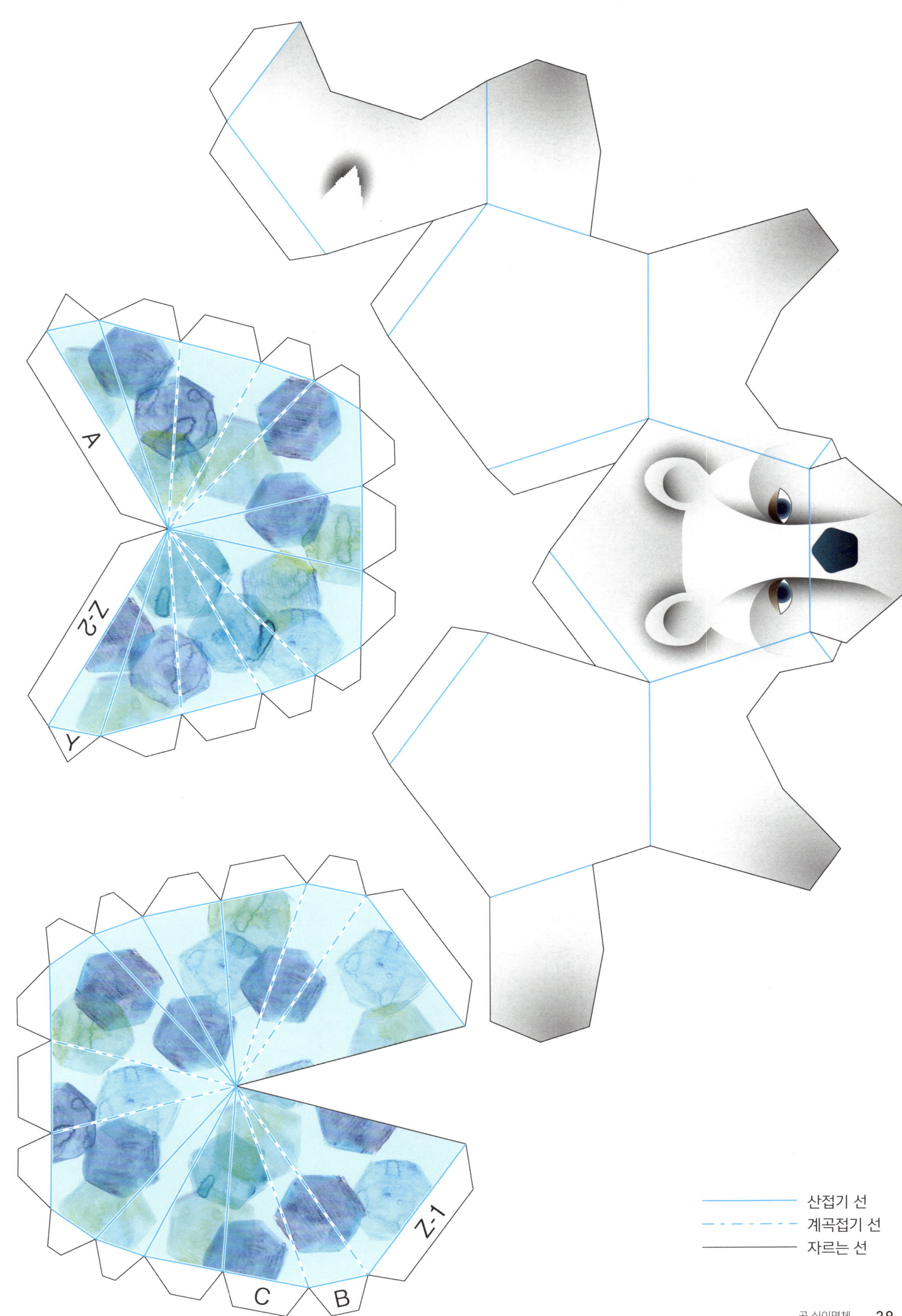
A
Z-2
Y
Z-1
C
B
산접기 선
계곡접기 선
자르는 선

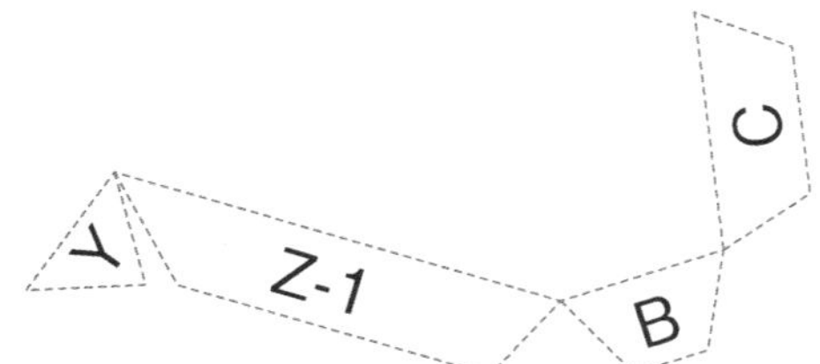

Y
Z-1
C
B

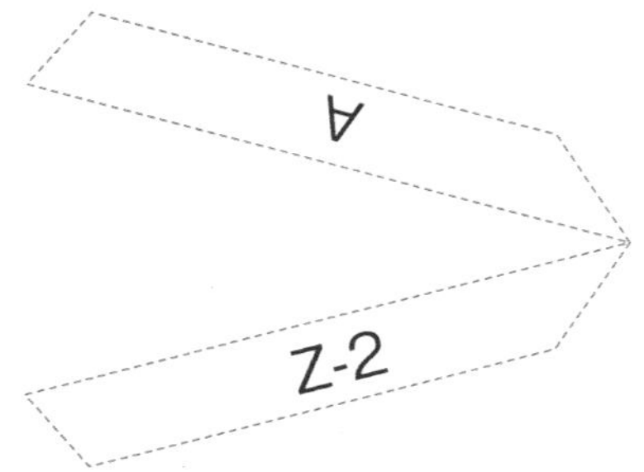

A
Z-2

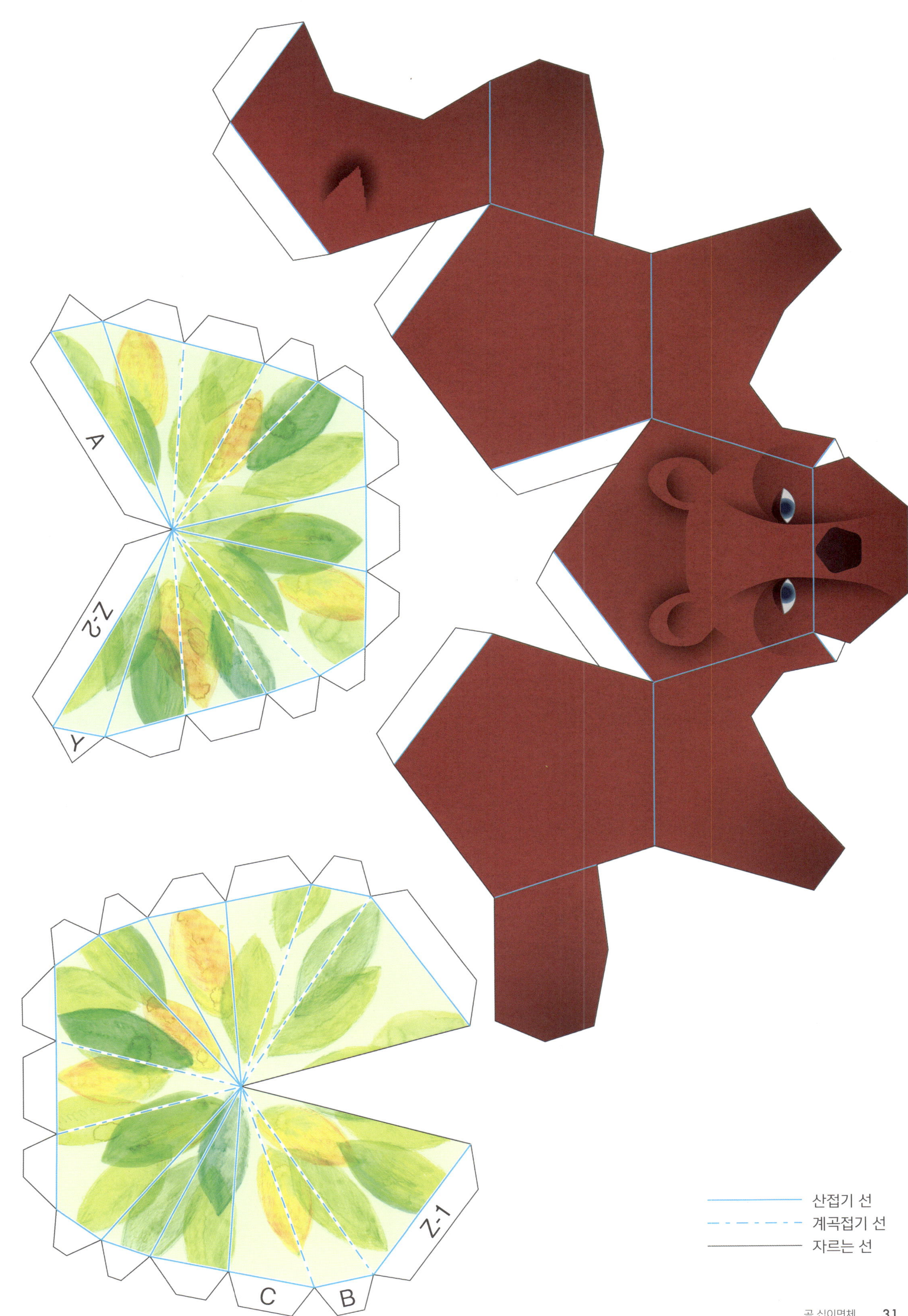

A
Z-2
Y
Z-1
C
B
산접기 선
계곡접기 선
자르는 선

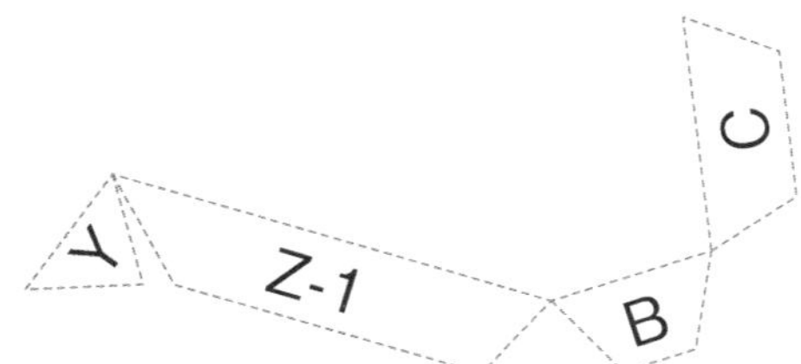
Y
Z-1
B
C

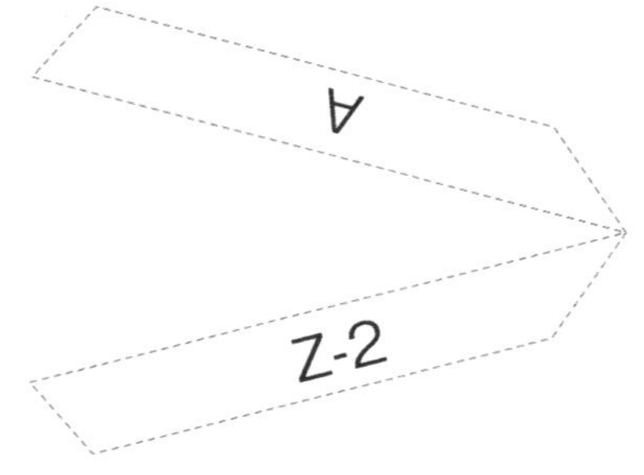
A
Z-2

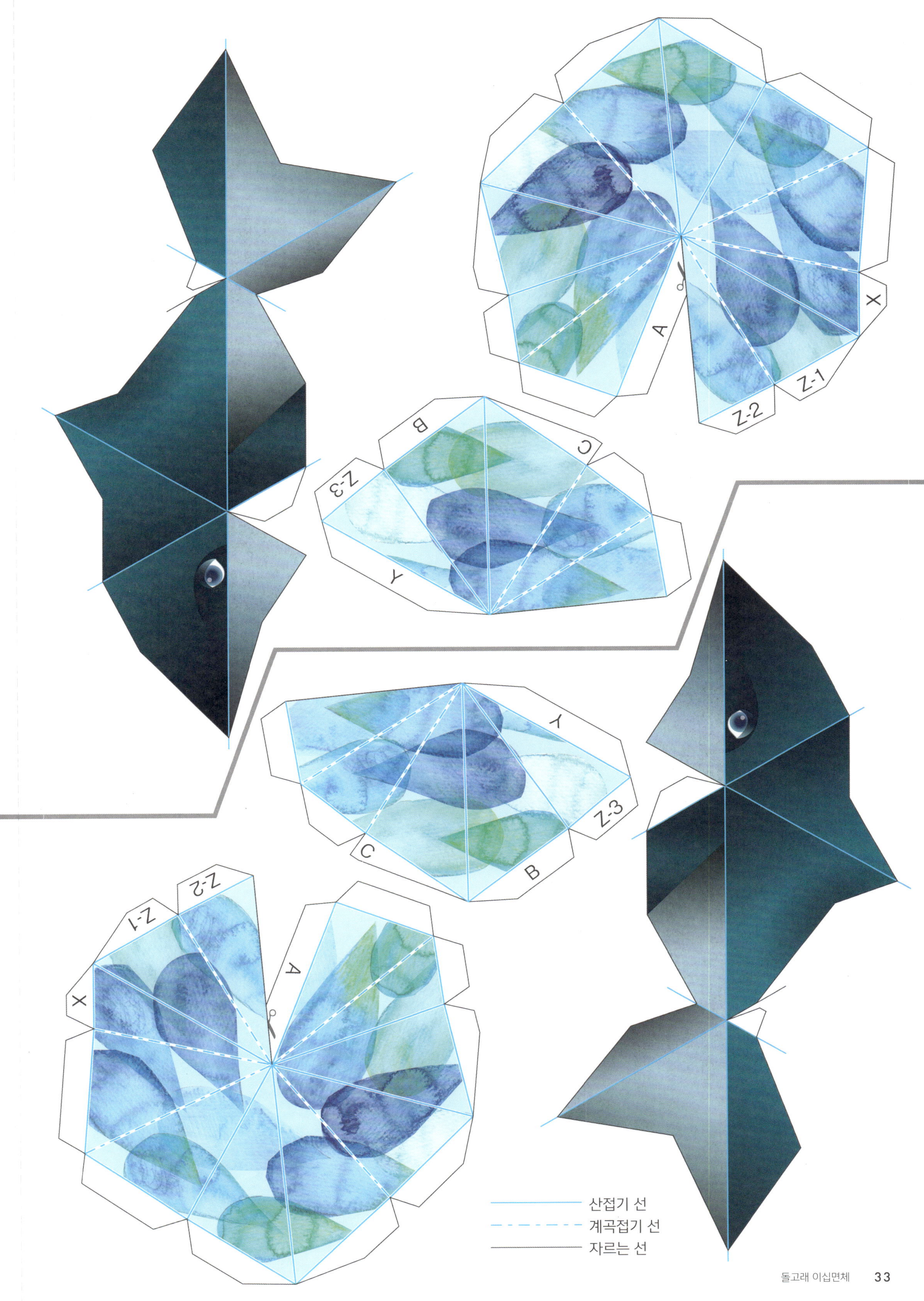

X
Z-1
Z-2
A
B
C
Y
Z-3
산접기 선
계곡접기 선
자르는 선

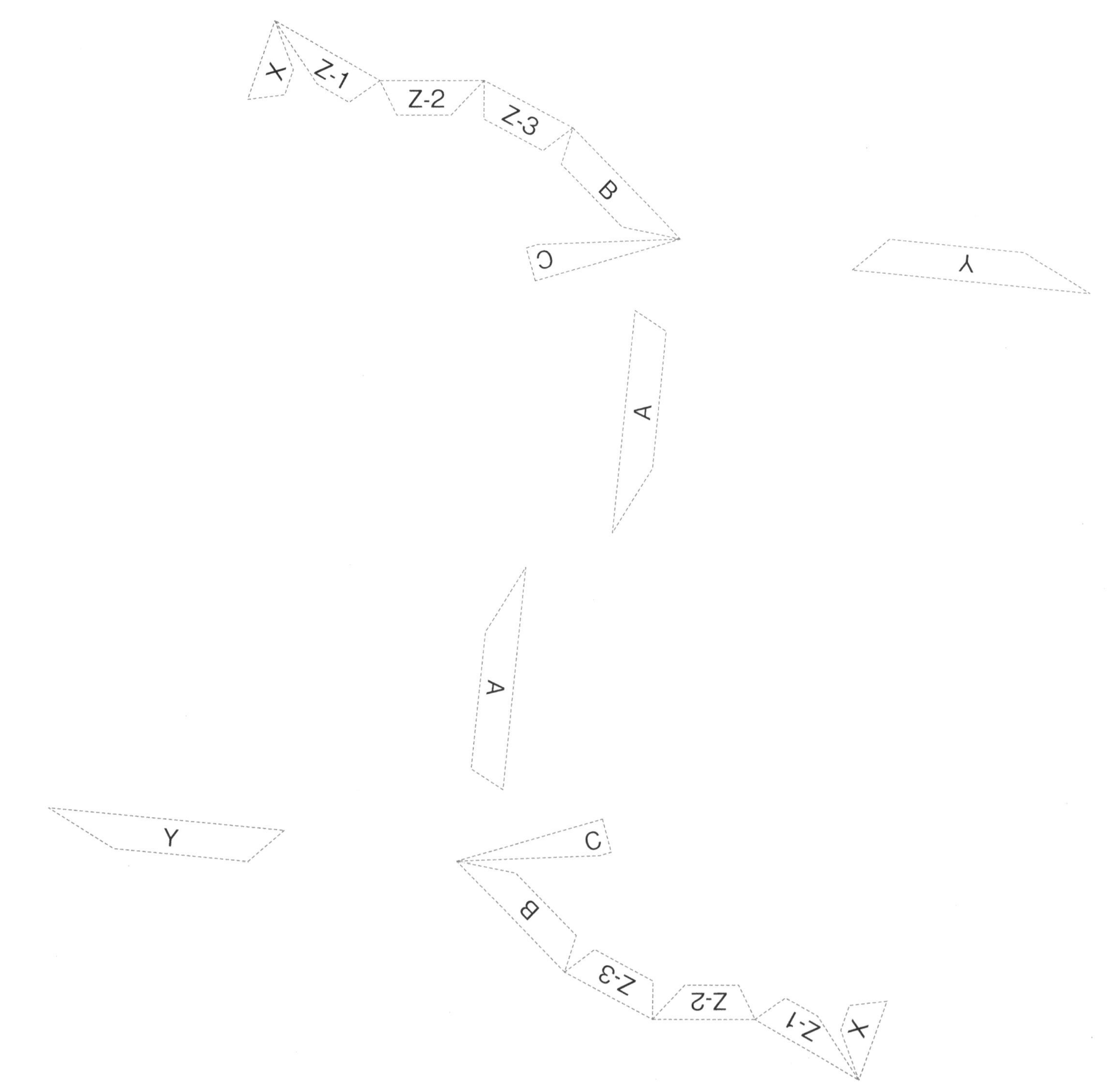

X Z-1 Z-2 Z-3
B
C
Y
A
A
Y
C
B
Z-3 Z-2 Z-1 X

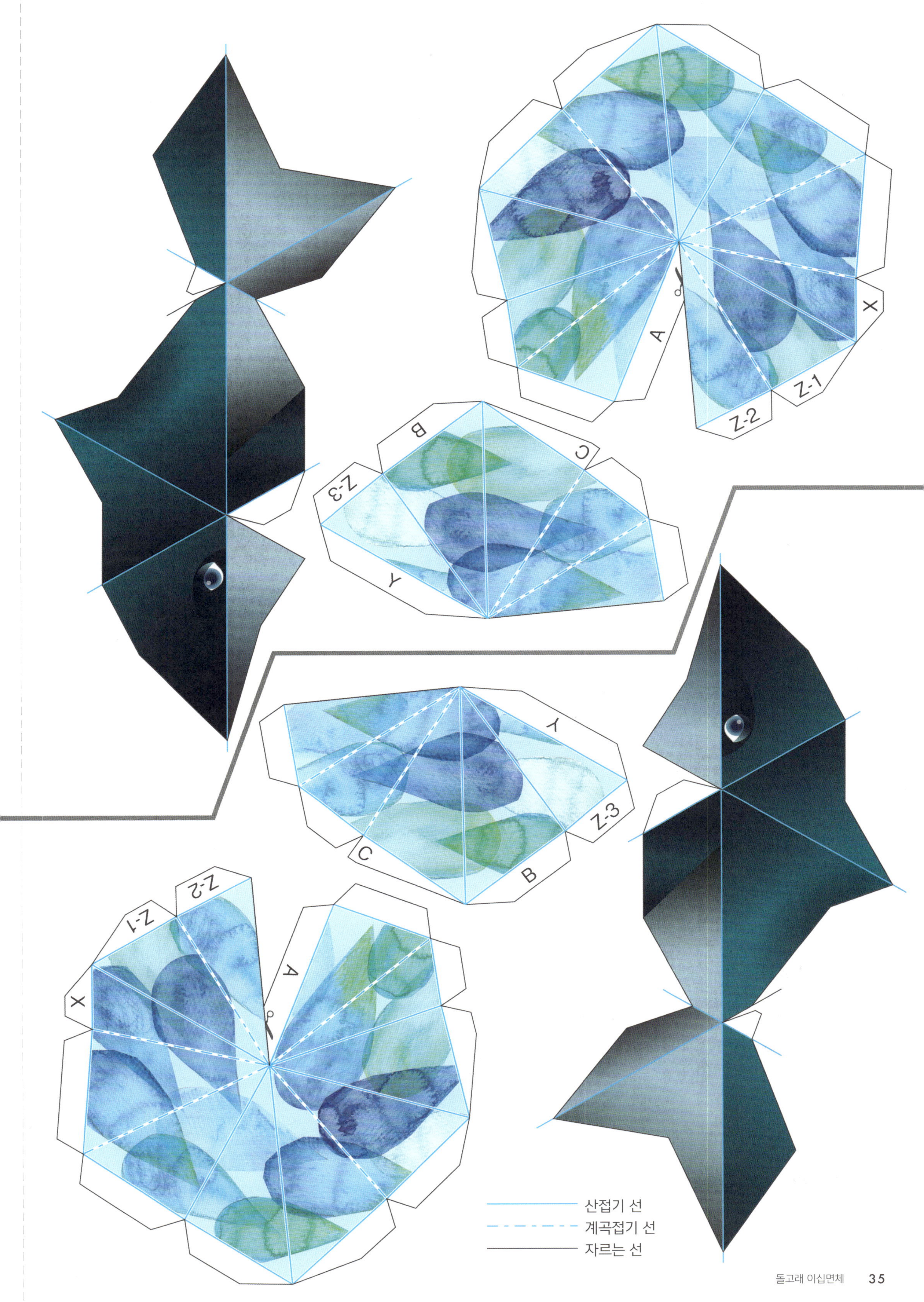

A
X
Z-1
Z-2
B
C
Z-3
Y
Y
Z-3
C
B
X
Z-1
Z-2
A
산접기 선
계곡접기 선
자르는 선

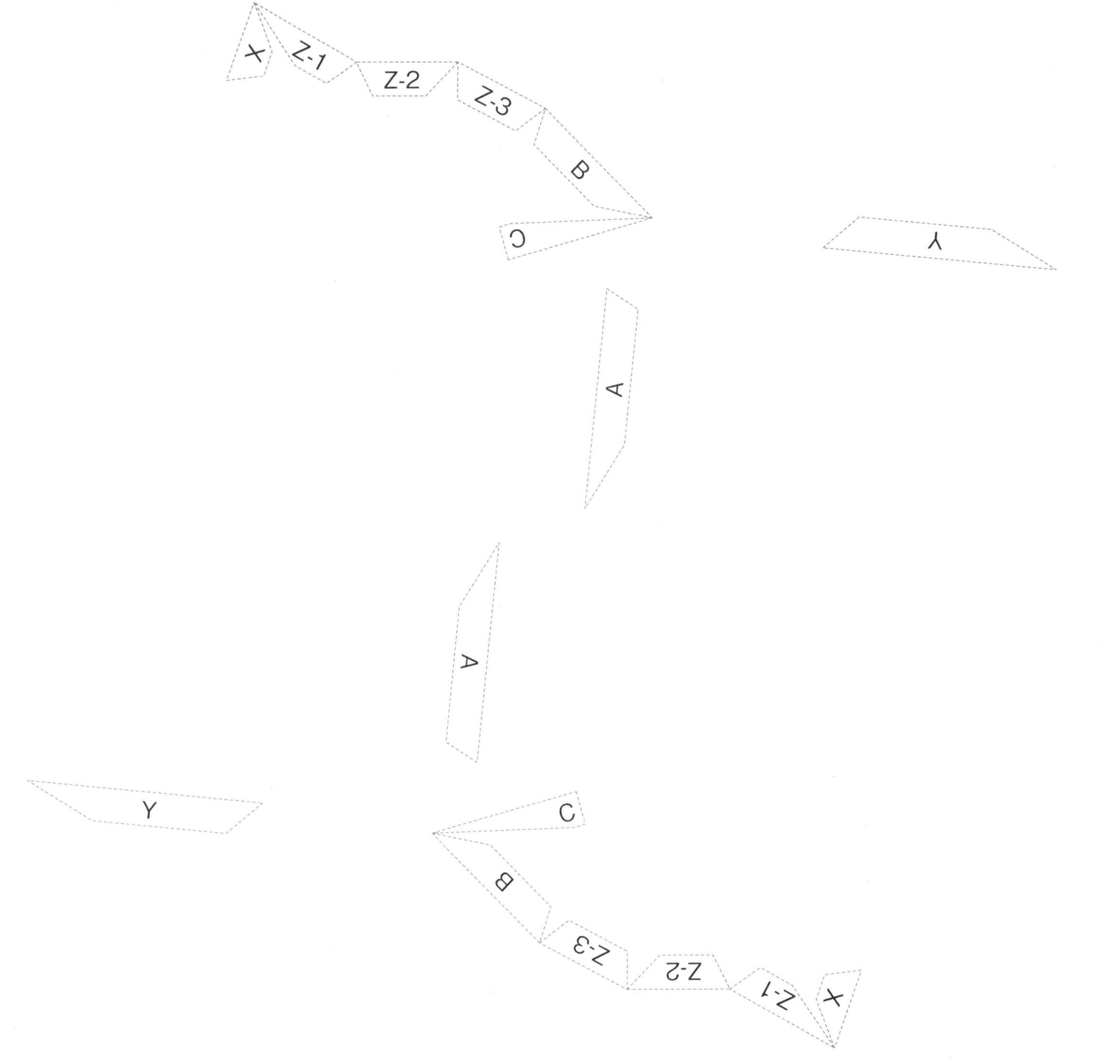

X
Z-1
Z-2
Z-3
B
C
A
Y
A
Y
C
B
Z-3
Z-2
Z-1
X

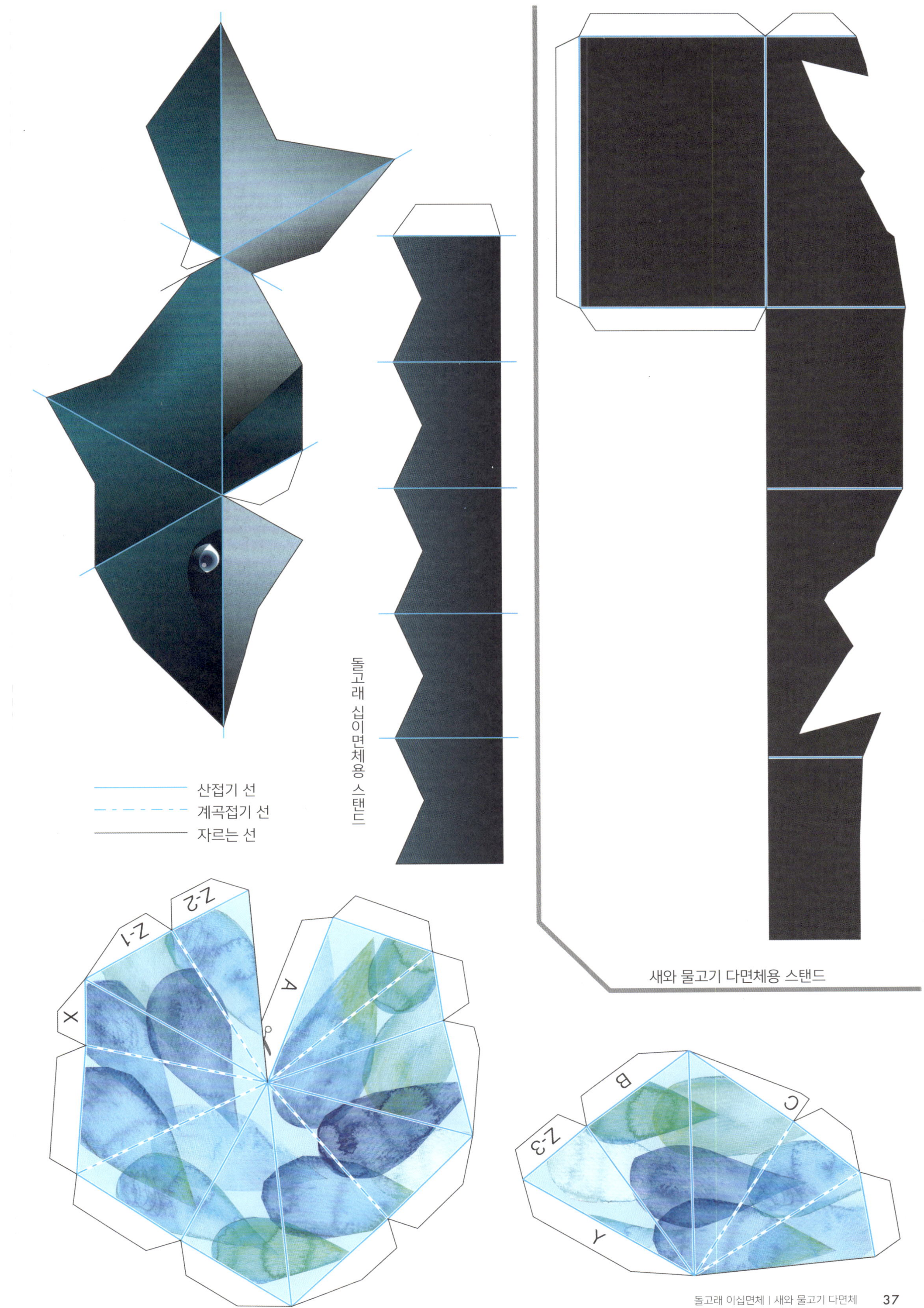
산접기 선
계곡접기 선
자르는 선
돌고래 십이면체용 스탠드
새와 물고기 다면체용 스탠드
Z-2
Z-1
X
A
B
C
Z-3
Y

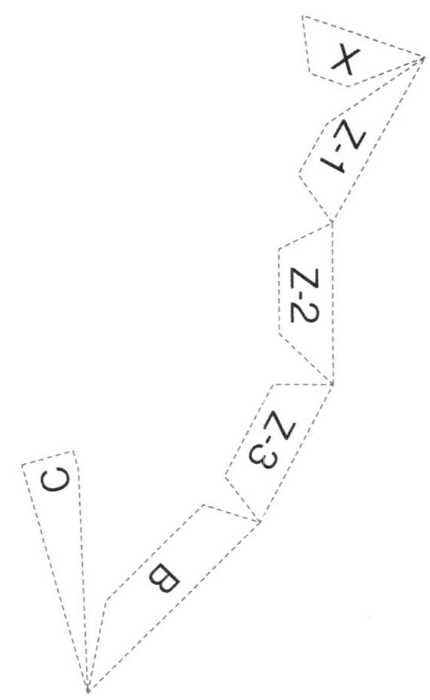

X
Z-1
Z-2
Z-3
C
B

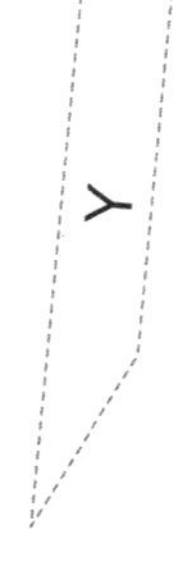

Y

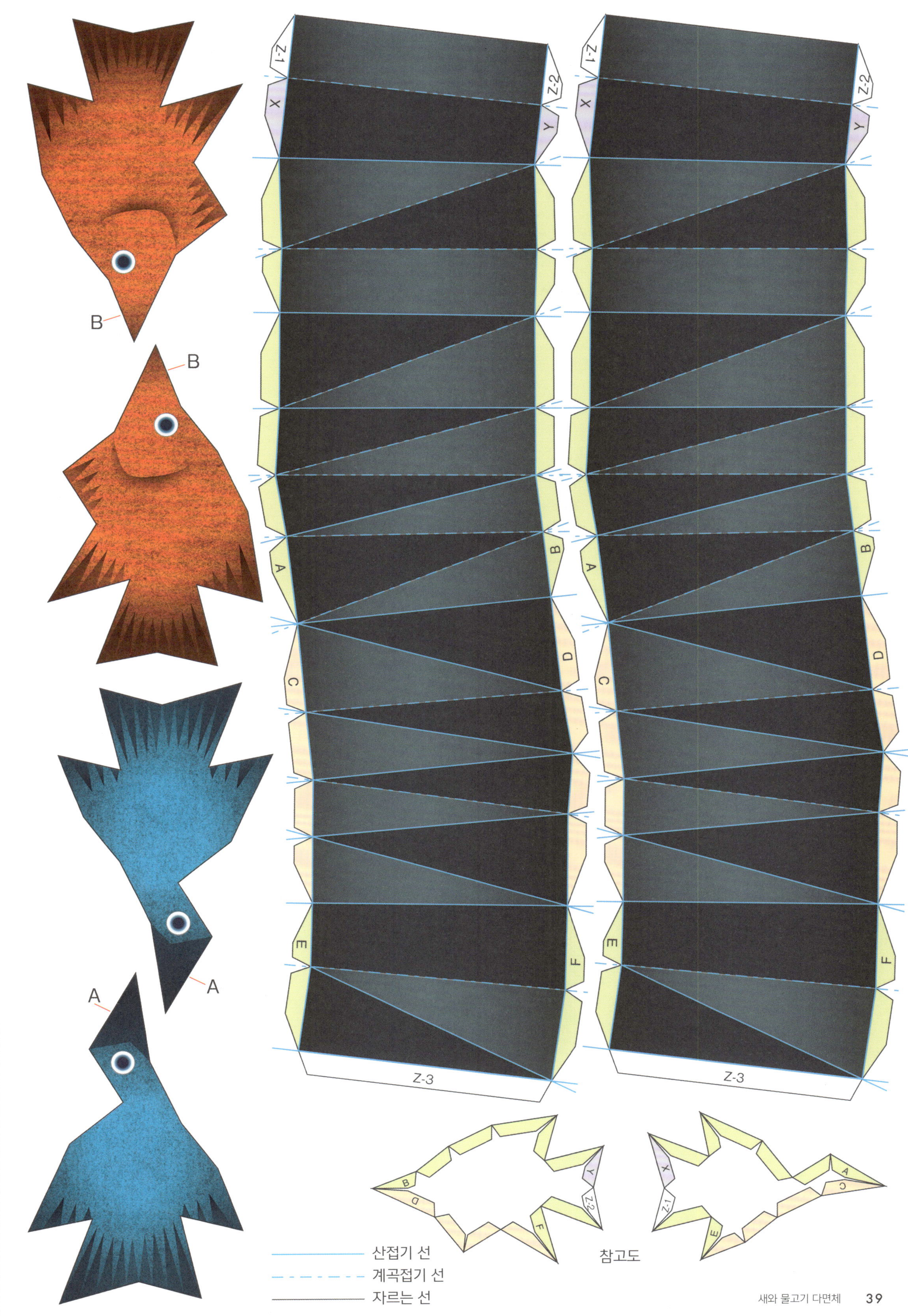

B
B
A
A
Z-1
X
Z-2
Y
A
C
E
B
D
F
Z-3
Z-1
X
Z-2
Y
A
C
E
B
D
F
Z-3
B
D
F
Y
Z-2
X
Z-1
E
A
C
참고도
산접기 선
계곡접기 선
자르는 선

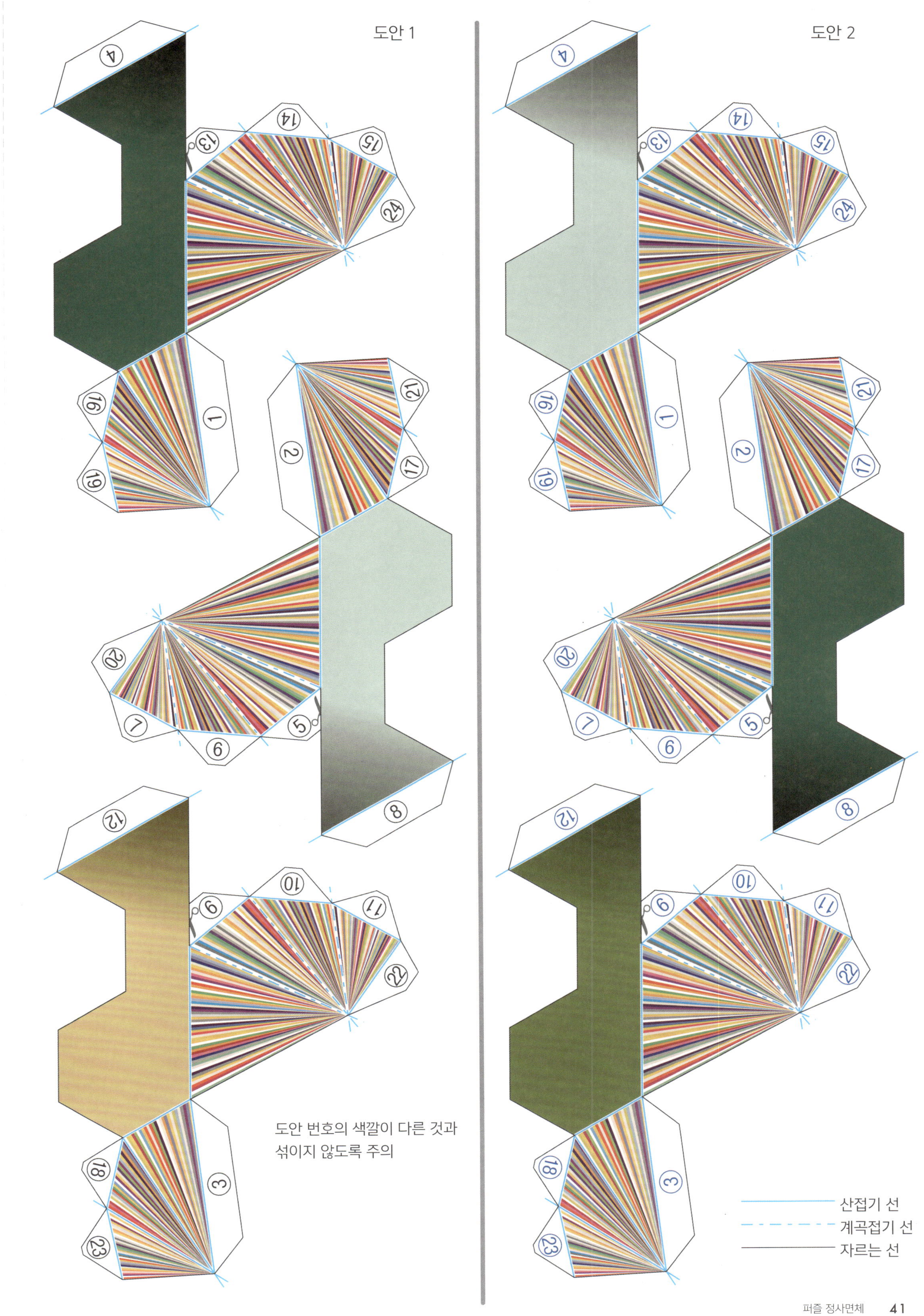

도안 1
도안 2
도안 번호의 색깔이 다른 것과
섞이지 않도록 주의
산접기 선
계곡접기 선
자르는 선

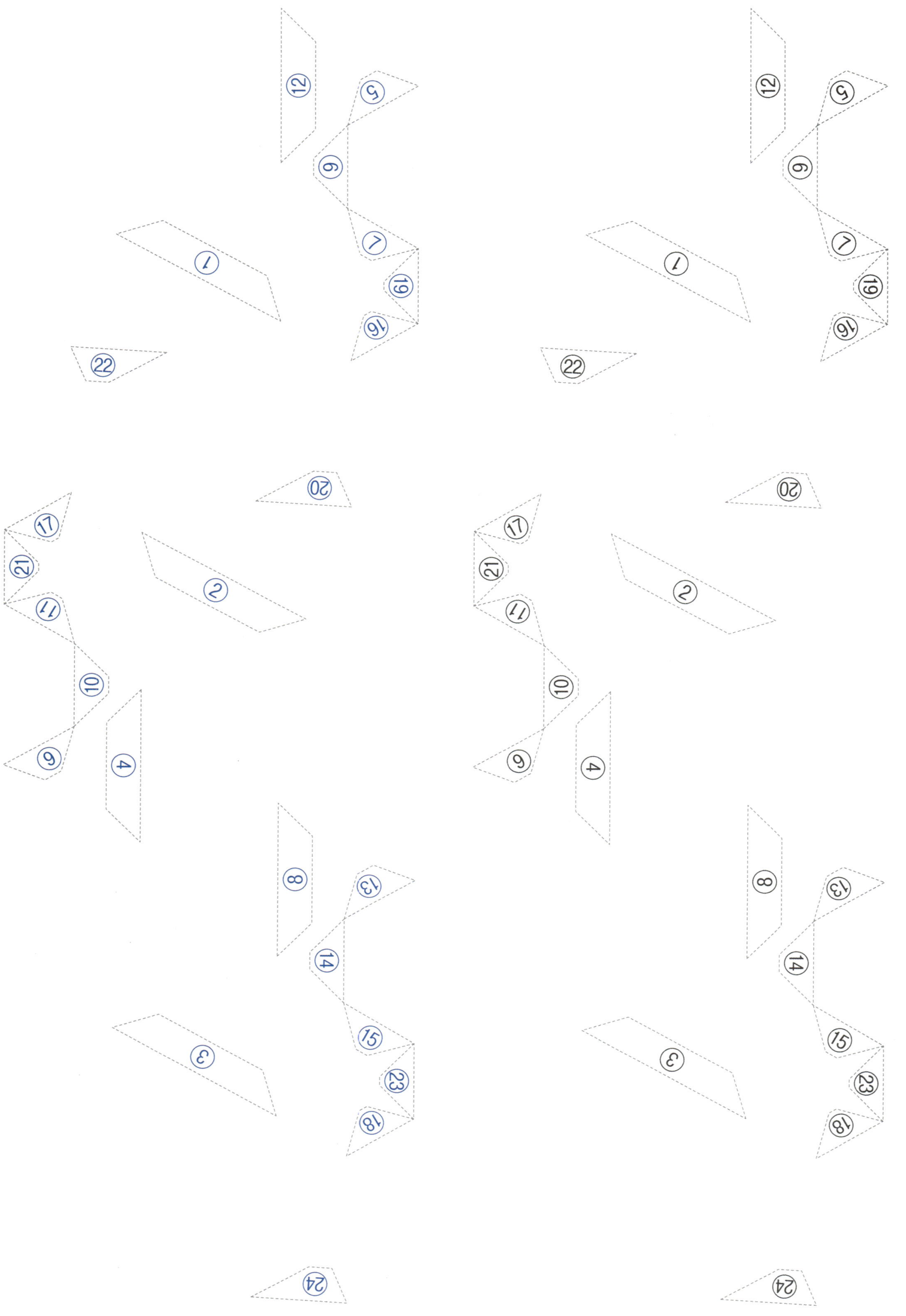

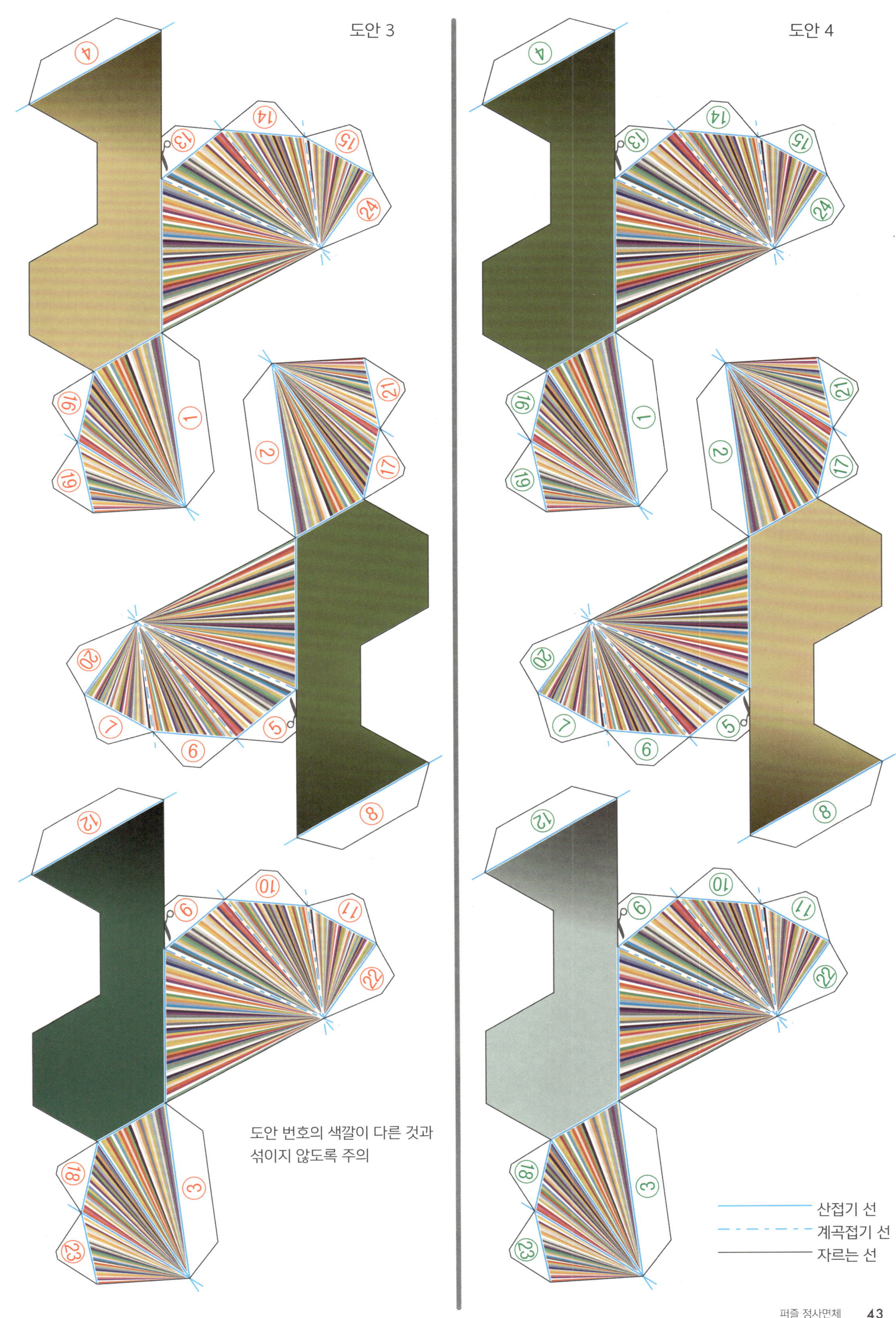

도안 3
도안 4
도안 번호의 색깔이 다른 것과
섞이지 않도록 주의
산접기 선
계곡접기 선
자르는 선

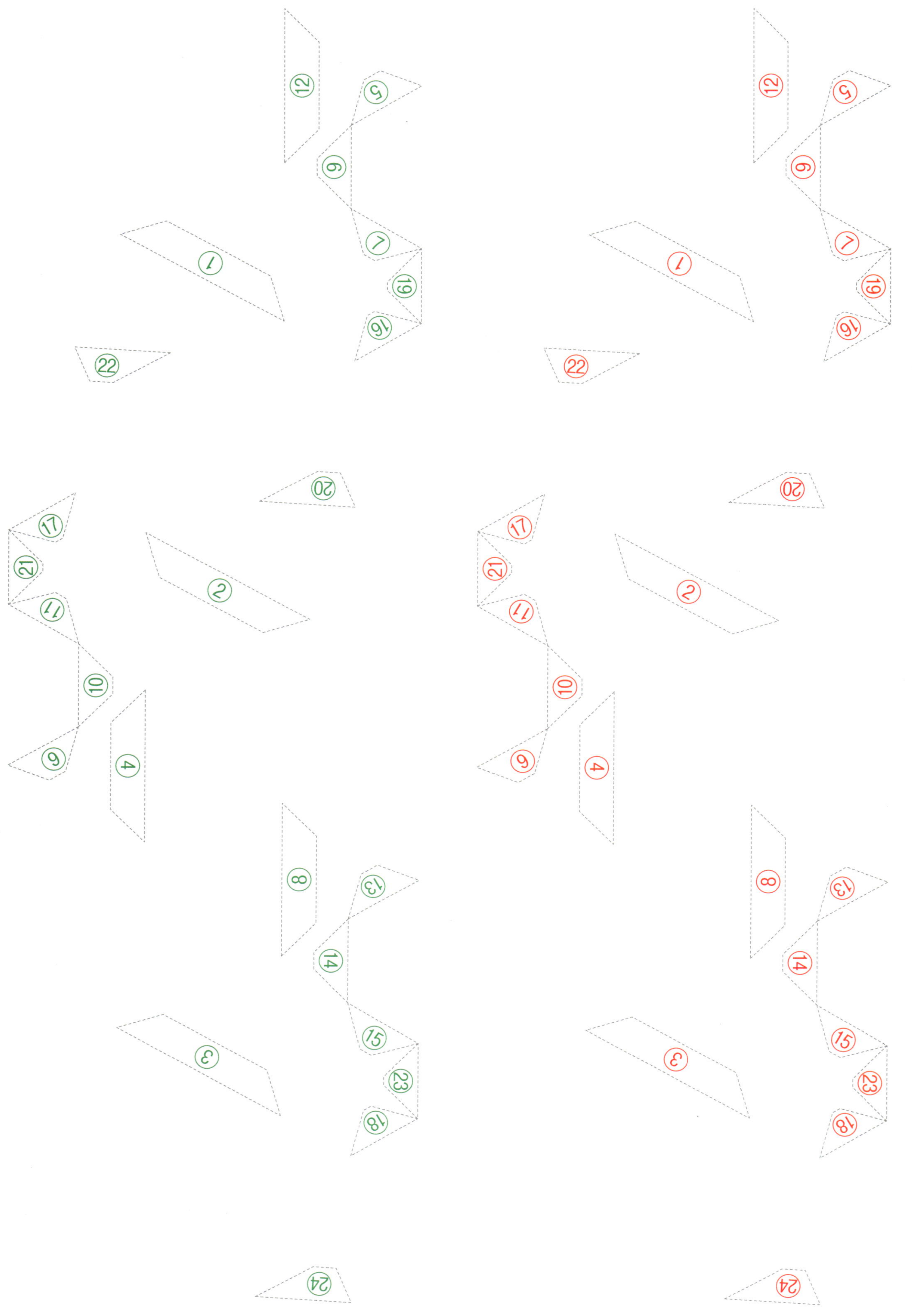

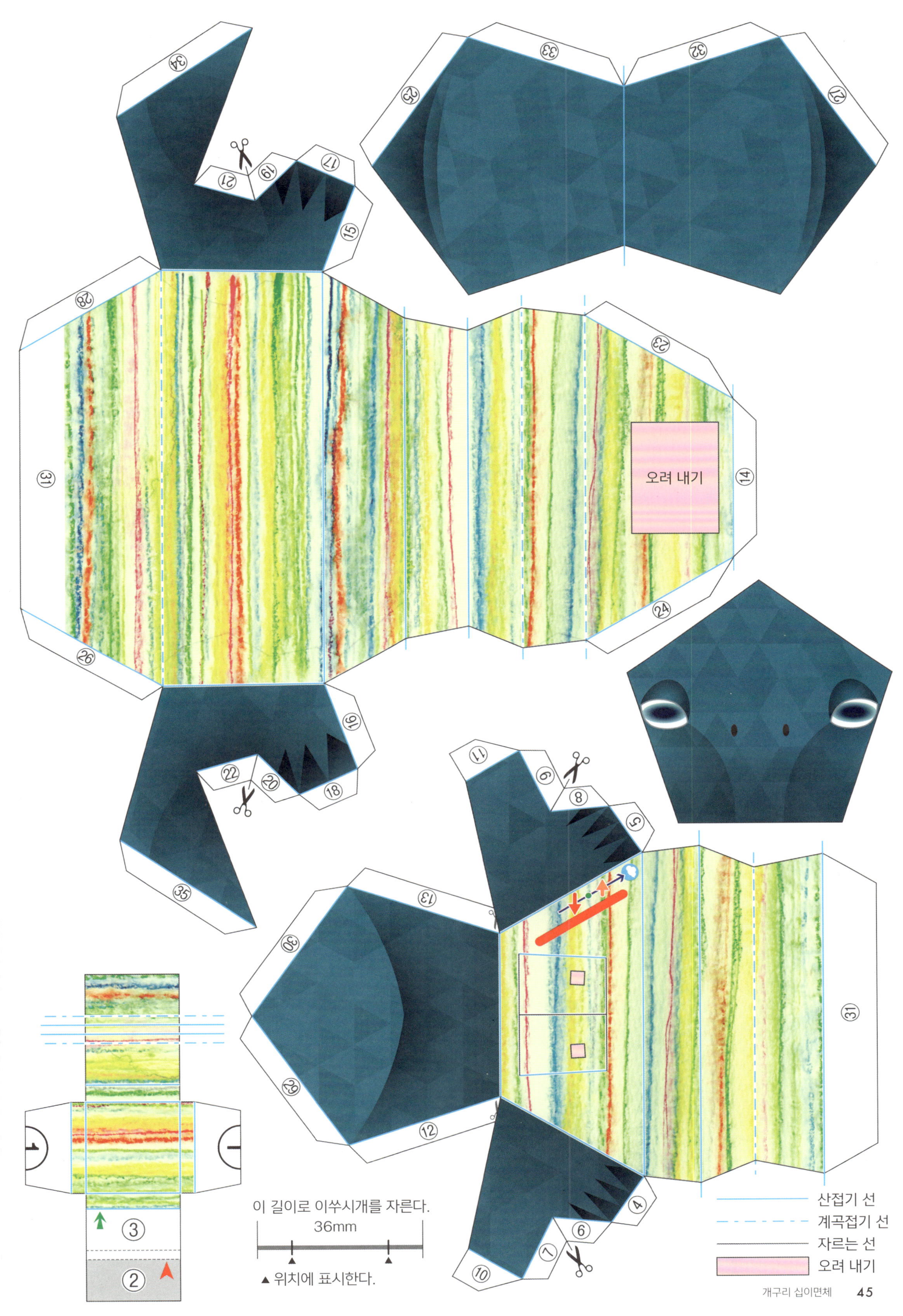
오려 내기
오려 내기
이 길이로 이쑤시개를 자른다.
36mm
▲ 위치에 표시한다.
산접기 선
계곡접기 선
자르는 선
오려 내기

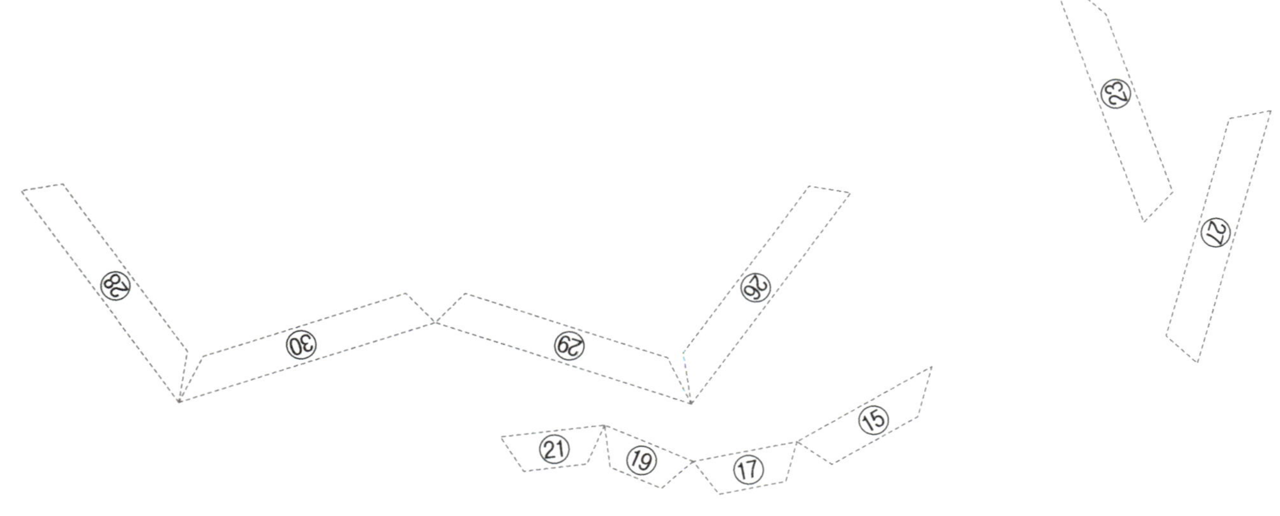
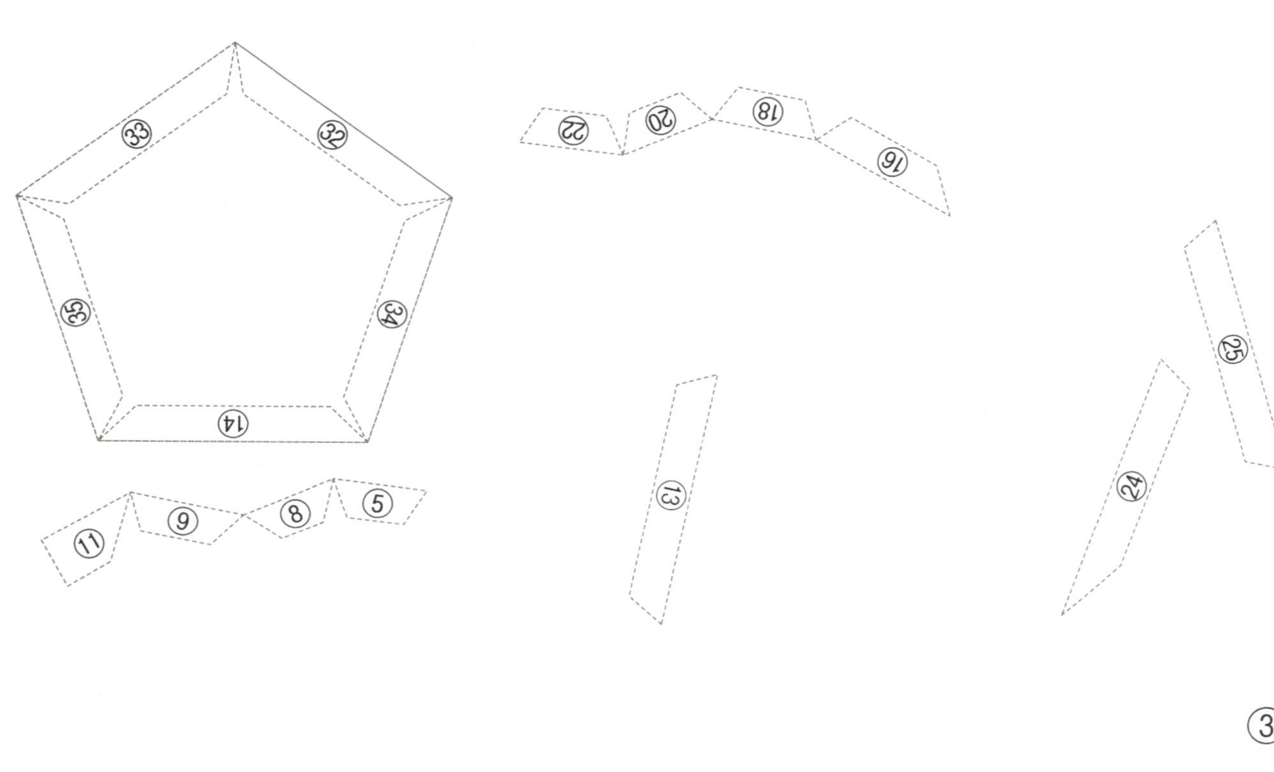

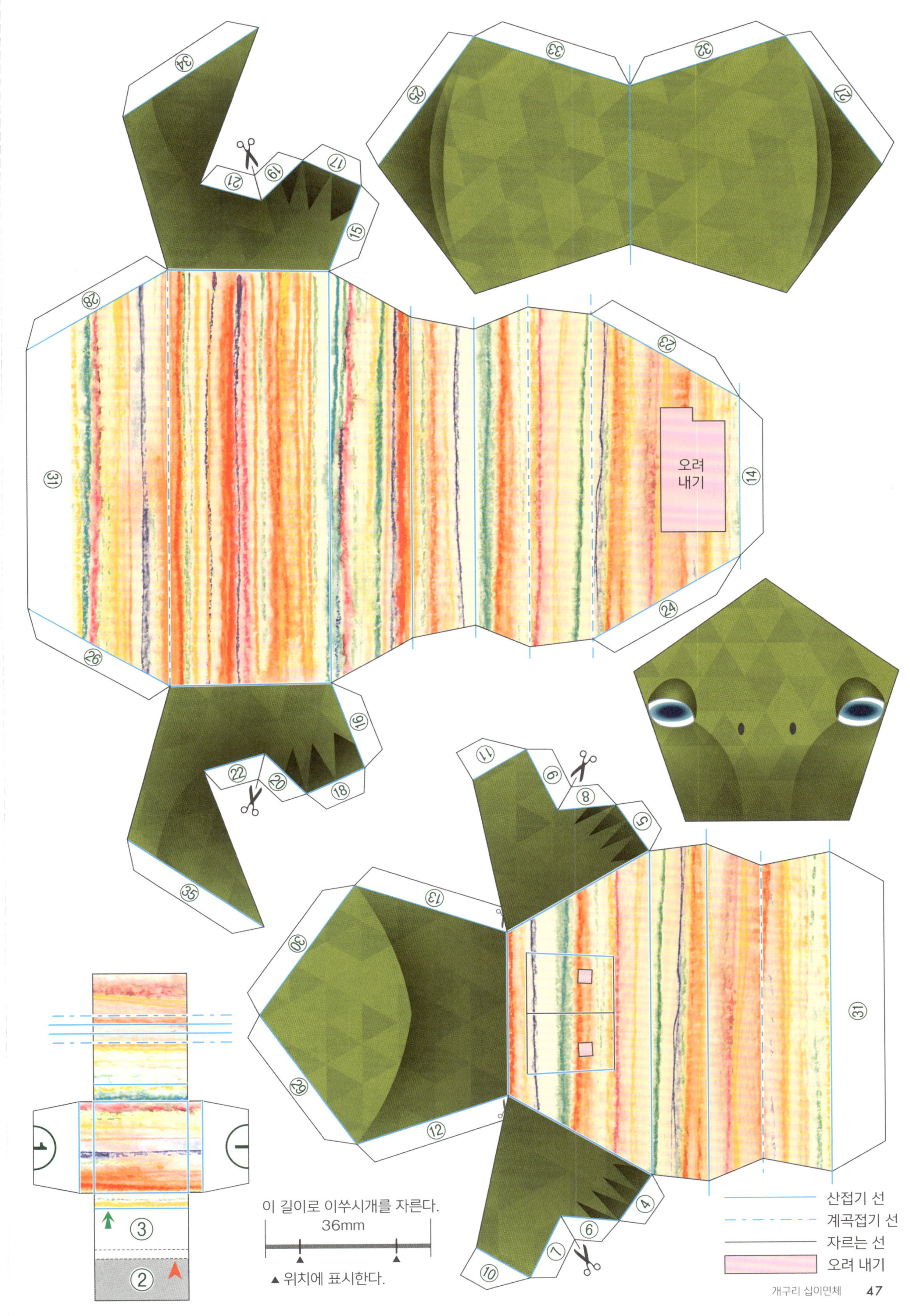

오려
내기
이 길이로 이쑤시개를 자른다.
36mm
▲ 위치에 표시한다.
산접기 선
계곡접기 선
자르는 선
오려 내기

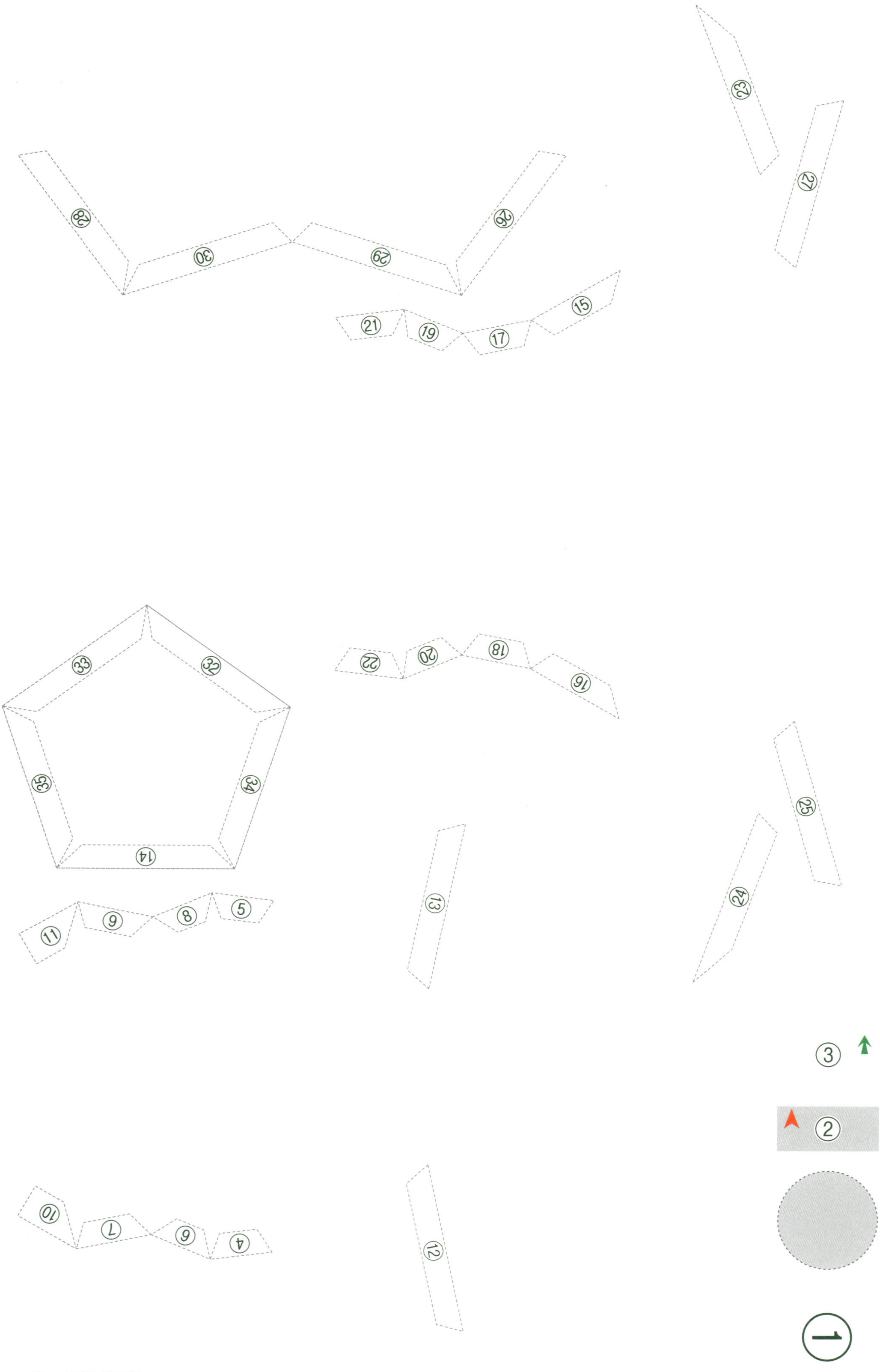

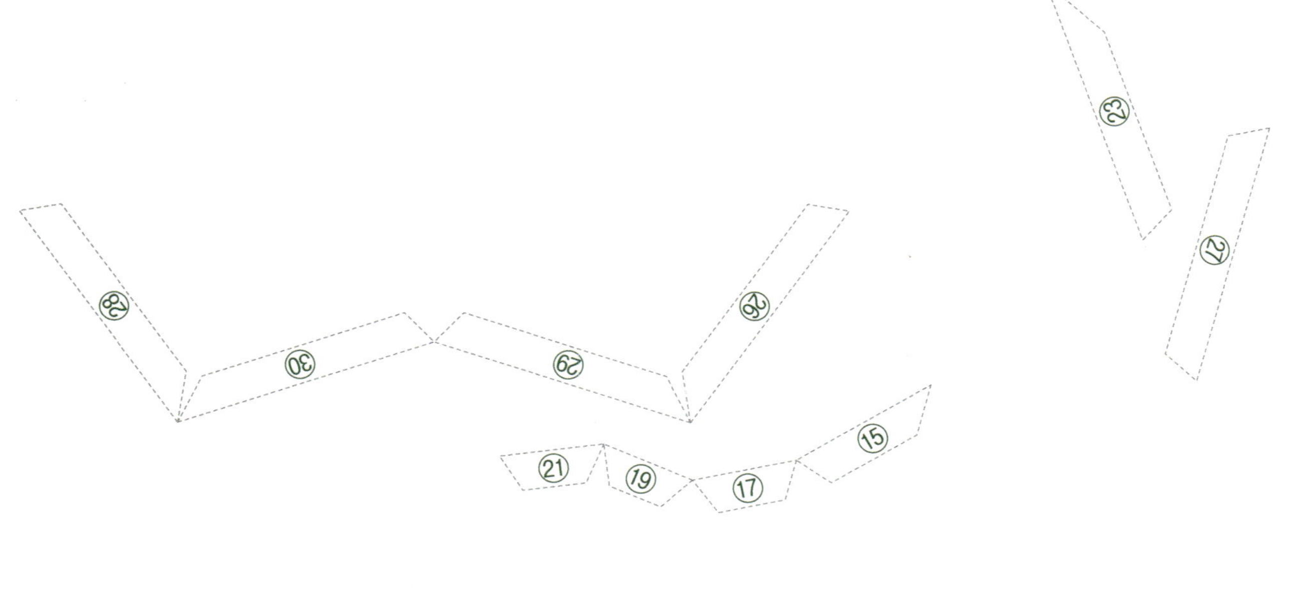

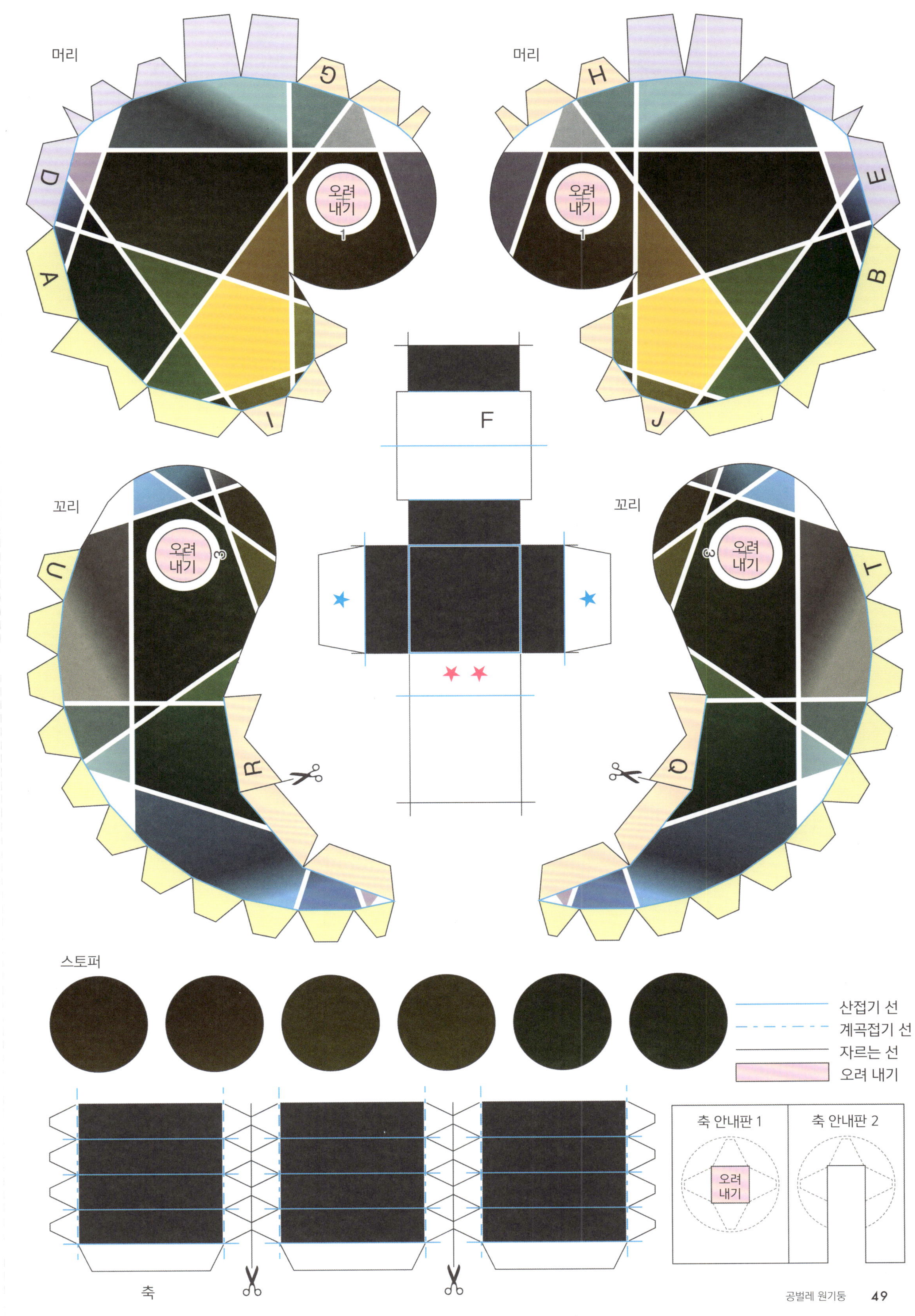
머리
머리
D
A
I
G
오려
내기
1
H
E
B
J
오려
내기
1
F
꼬리
꼬리
U
오려
내기
3
오려
내기
3
T
R
Q
스토퍼
산접기 선
계곡접기 선
자르는 선
오려 내기
축
축 안내판 1
축 안내판 2
오려
내기

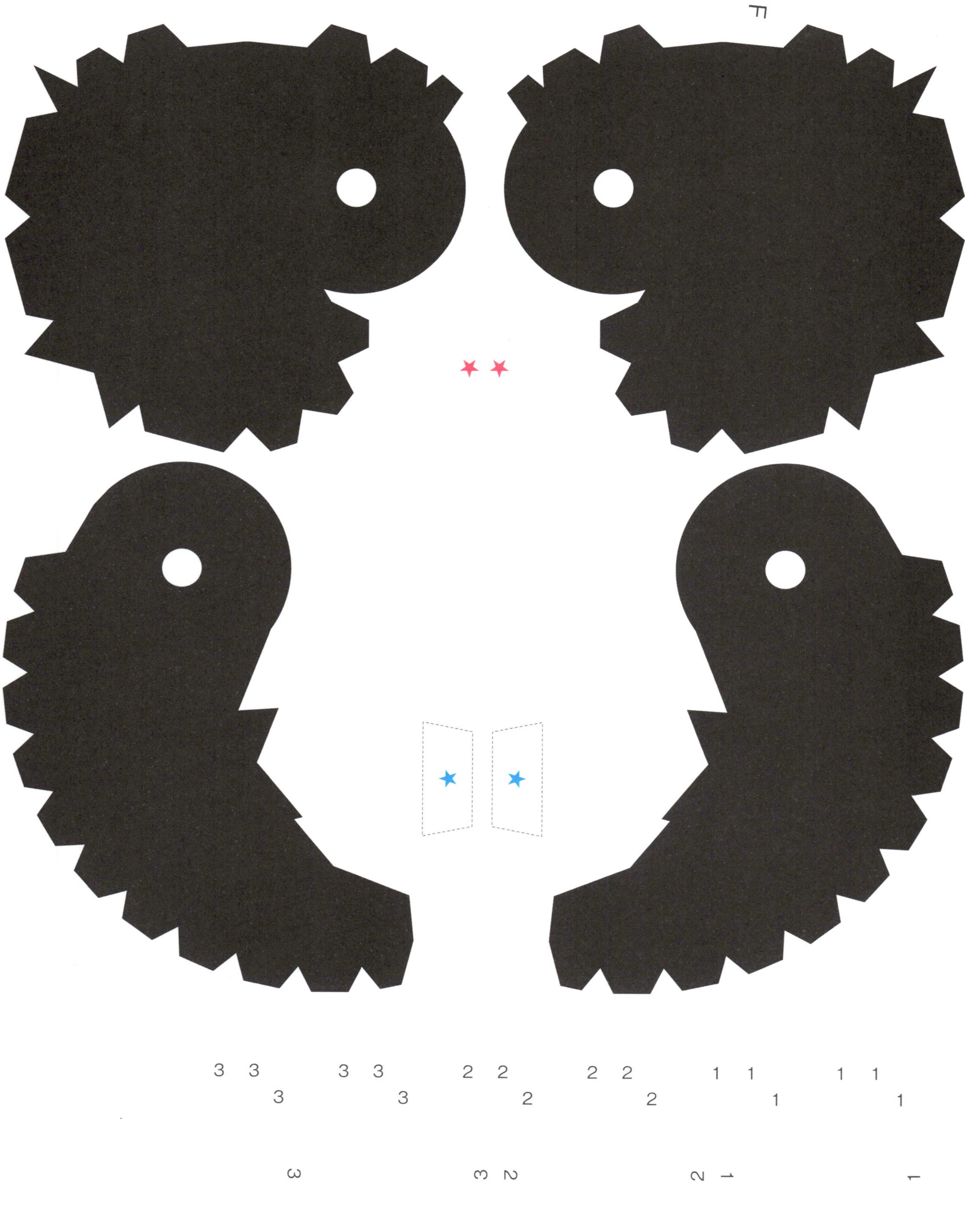

F

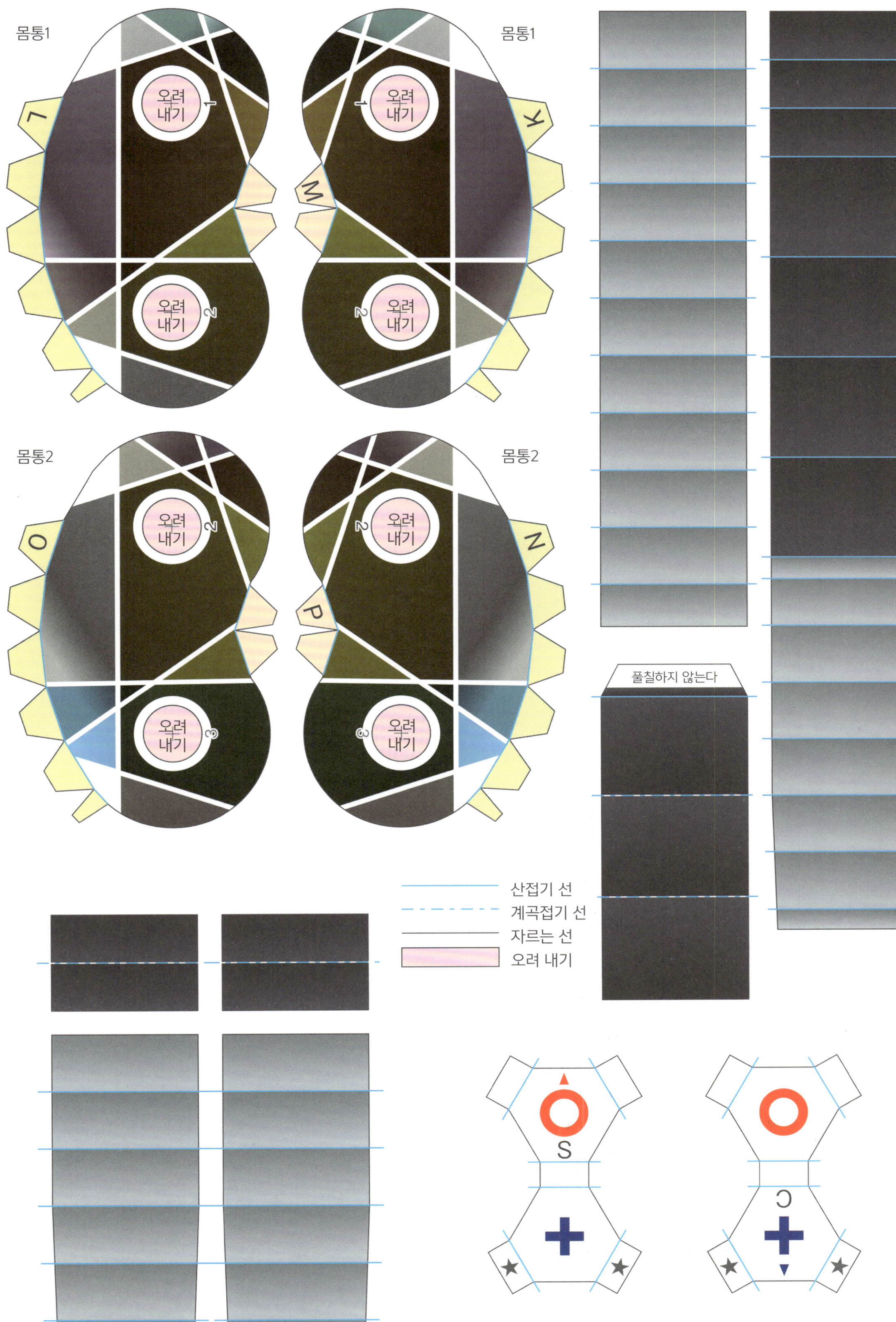

몸통1
몸통1
오려 내기
오려 내기
오려 내기
오려 내기
L
K
M
몸통2
몸통2
오려 내기
오려 내기
오려 내기
오려 내기
O
N
P
풀칠하지 않는다
산접기 선
계곡접기 선
자르는 선
오려 내기
S
C

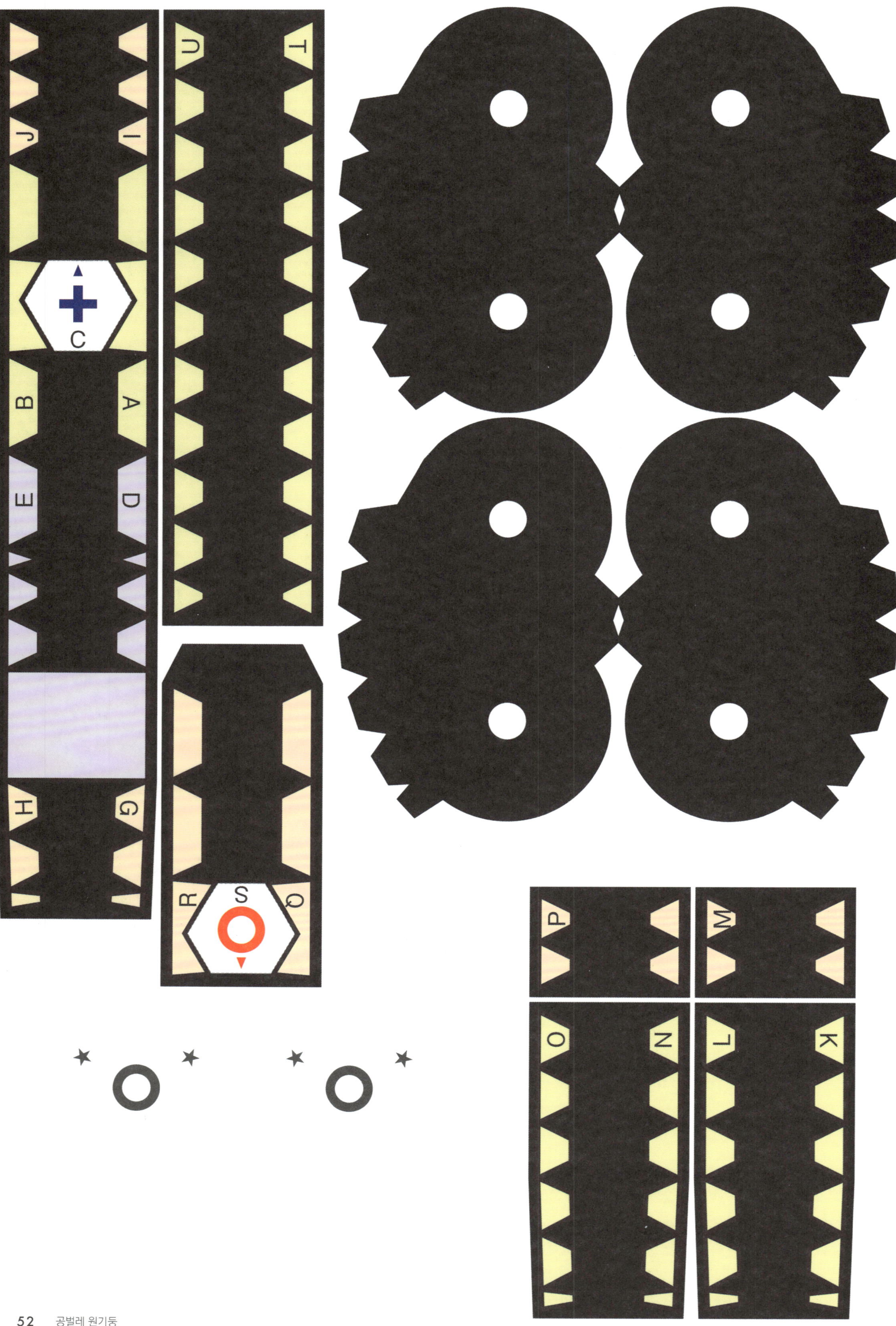

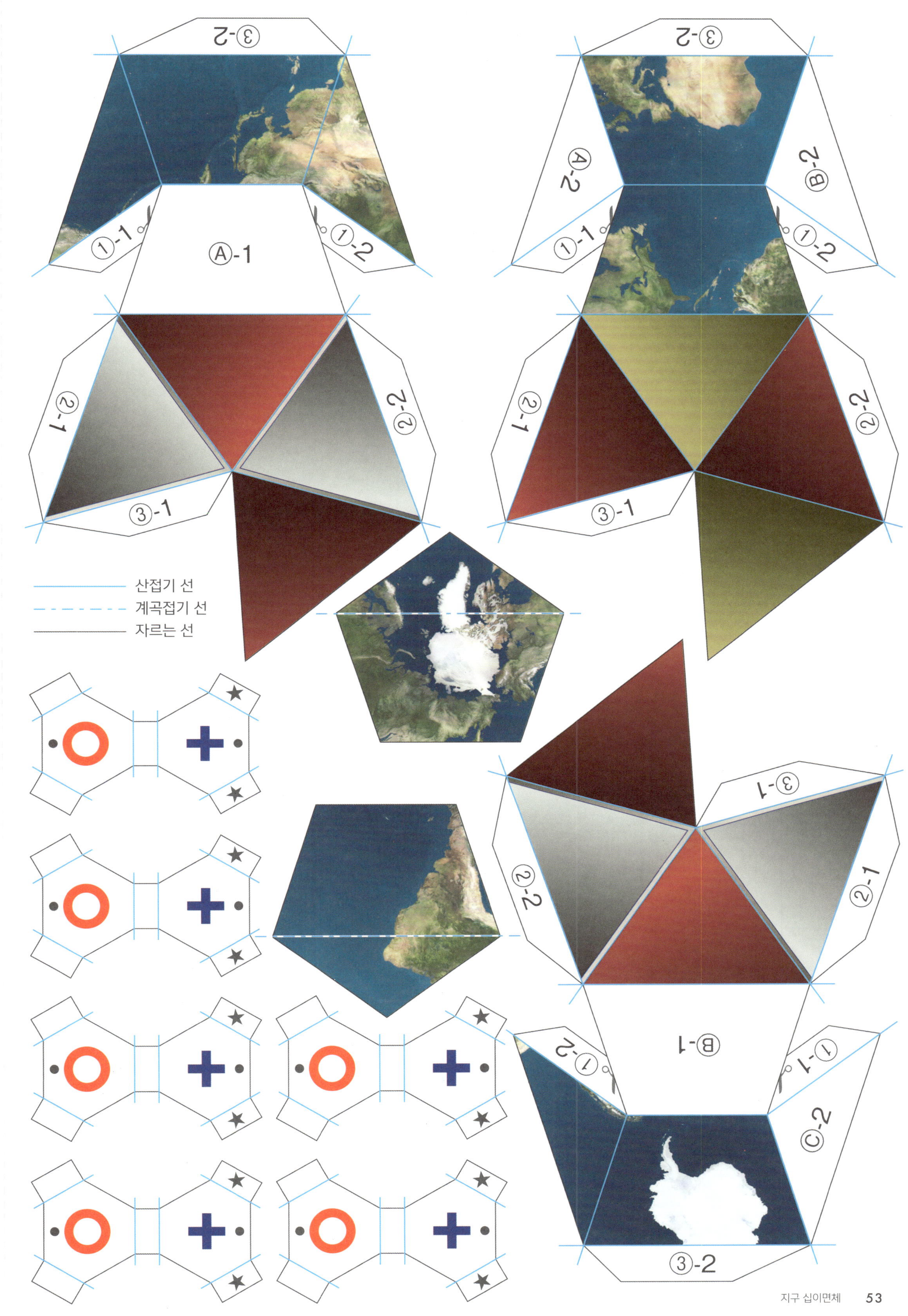

3-2
①-1
①-2
Ⓐ-1
②-1
②-2
③-1
산접기 선
계곡접기 선
자르는 선
3-2
Ⓐ-2
Ⓑ-2
①-1
①-2
②-1
②-2
③-1
③-1
②-2
②-1
Ⓑ-1
①-2
①-1
Ⓒ-2
③-2

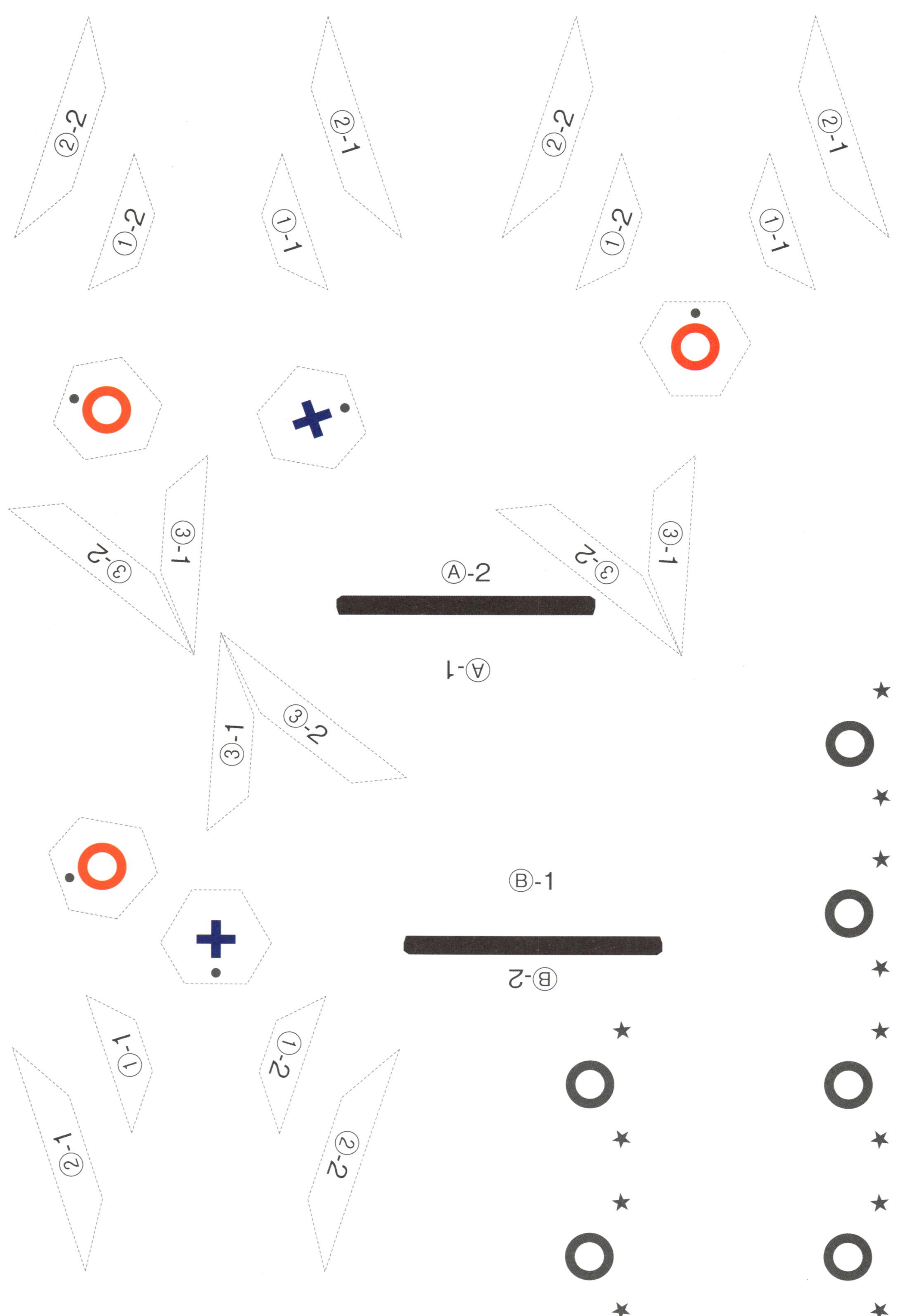

②-2
②-1
②-2
②-1
②-2
②-1
①-1
①-1
①-2
③-1
③-2
③-1
③-2
Ⓐ-2
Ⓐ-1
③-2
③-1
Ⓑ-1
Ⓑ-2
①-1
①-2
②-1
②-2

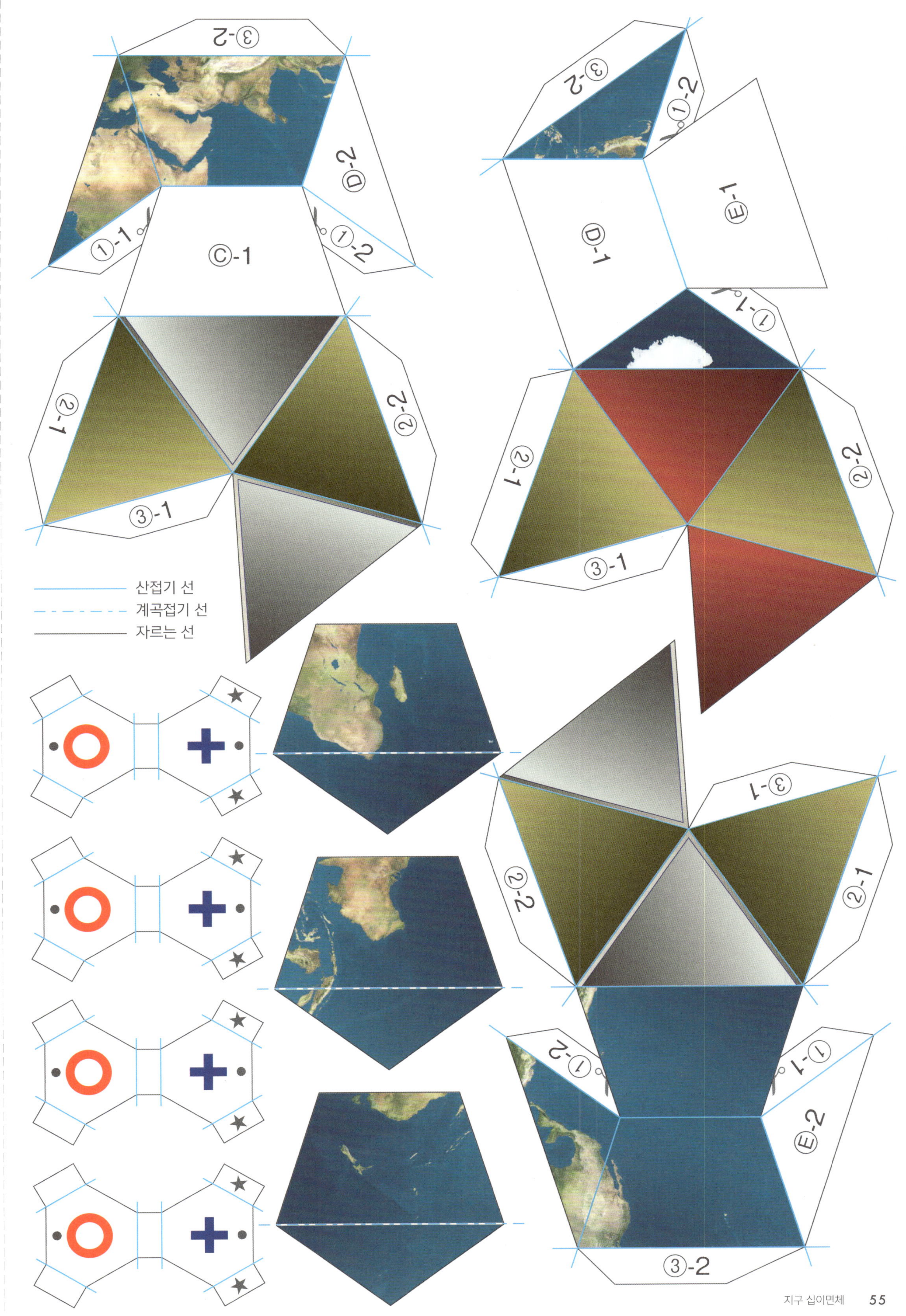
③-2
ⓒ-1
①-1
②-1
③-1
Ⓓ-2
①-2
②-2
산접기 선
계곡접기 선
자르는 선
③-2
①-2
Ⓔ-1
Ⓓ-1
①-1
②-1
③-1
②-2
Ⓔ-2
③-1
②-2
2-1
①-1
①-2
③-2

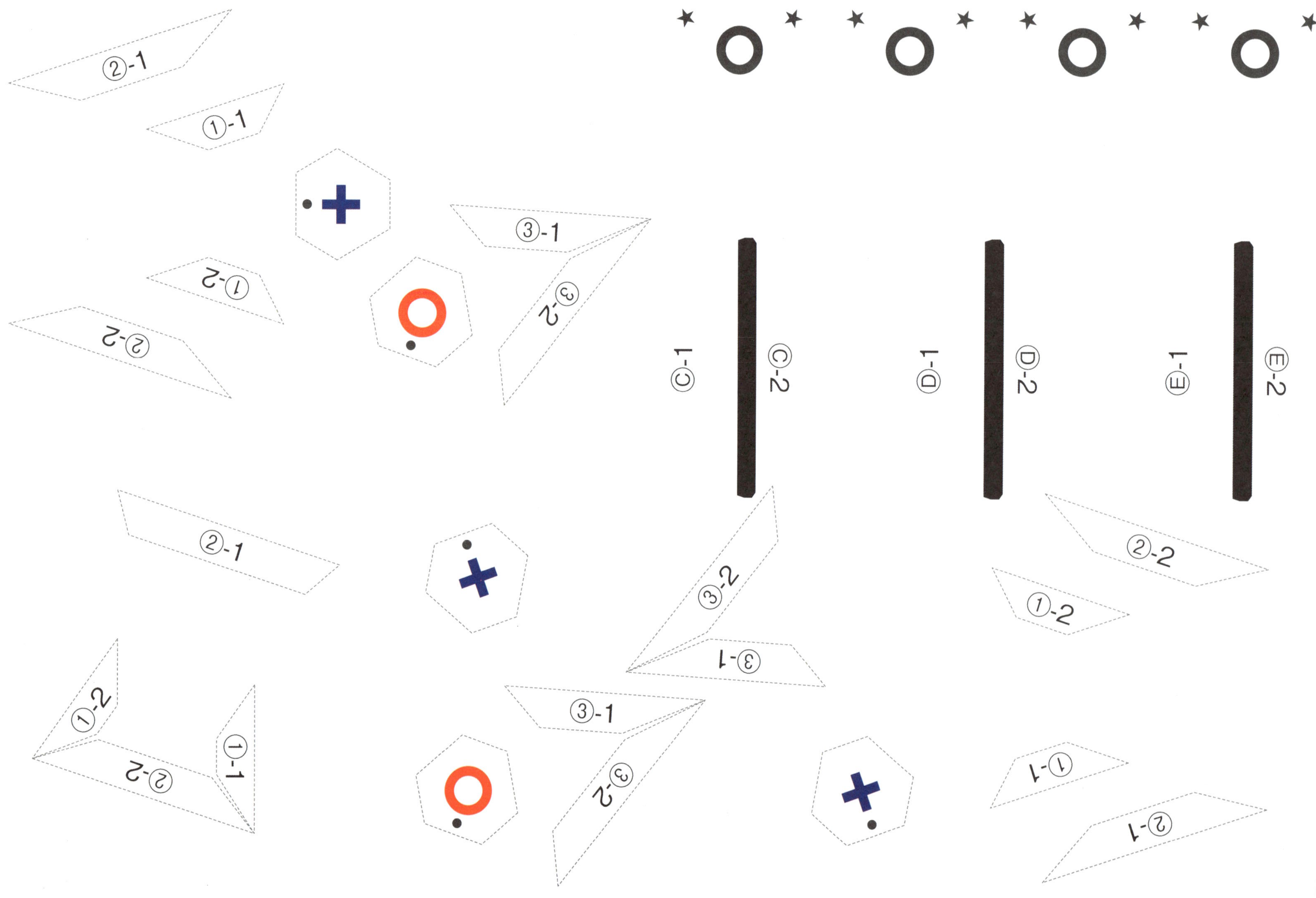

②-1
①-1
①-2
②-2
③-1
③-2
Ⓒ-1
Ⓒ-2
Ⓓ-1
Ⓓ-2
Ⓔ-1
Ⓔ-2
②-1
③-2
③-1
③-1
③-2
②-2
①-2
①-2
②-2
①-1
②-1
①-1

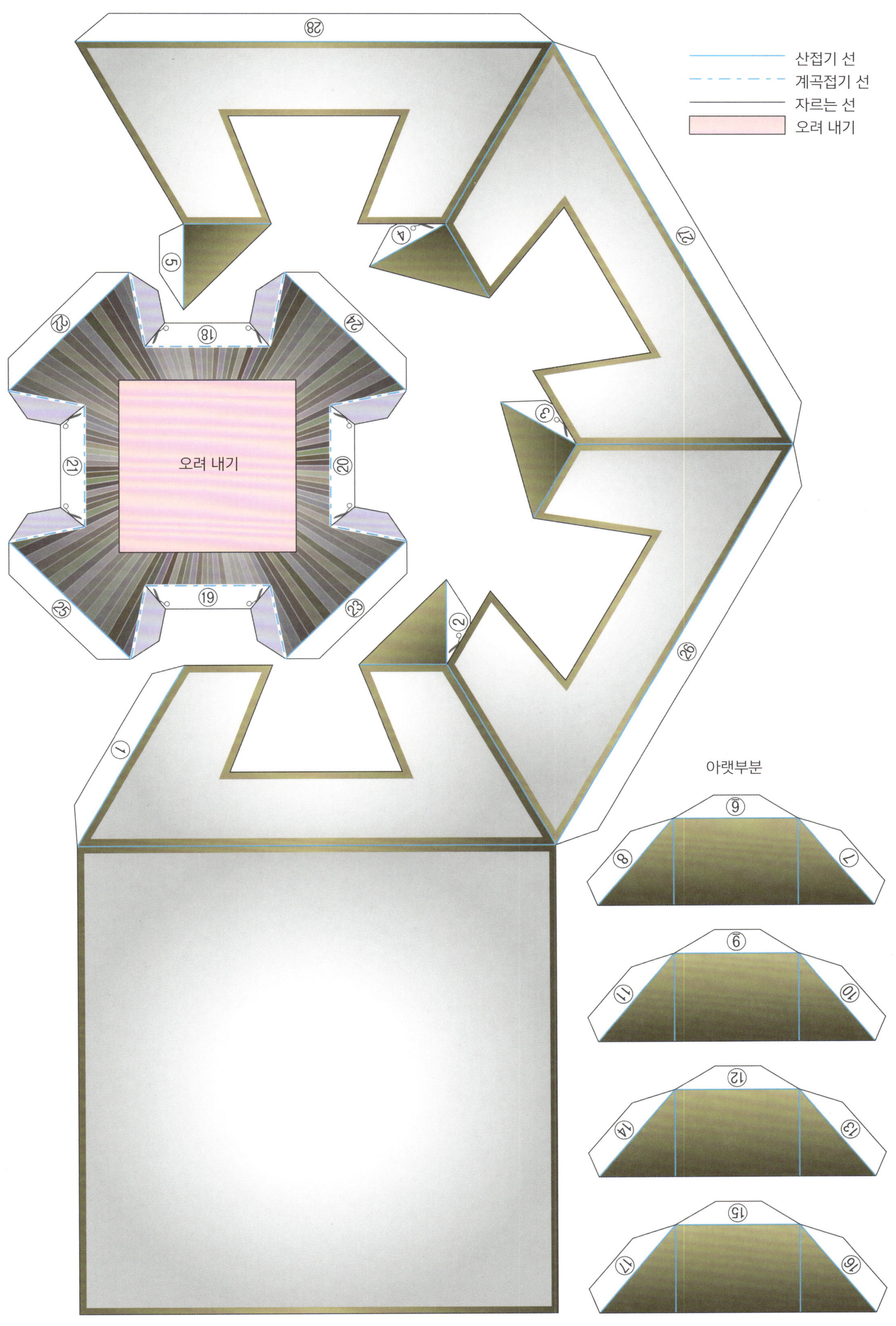

산접기 선
계곡접기 선
자르는 선
오려 내기
오려 내기
아랫부분

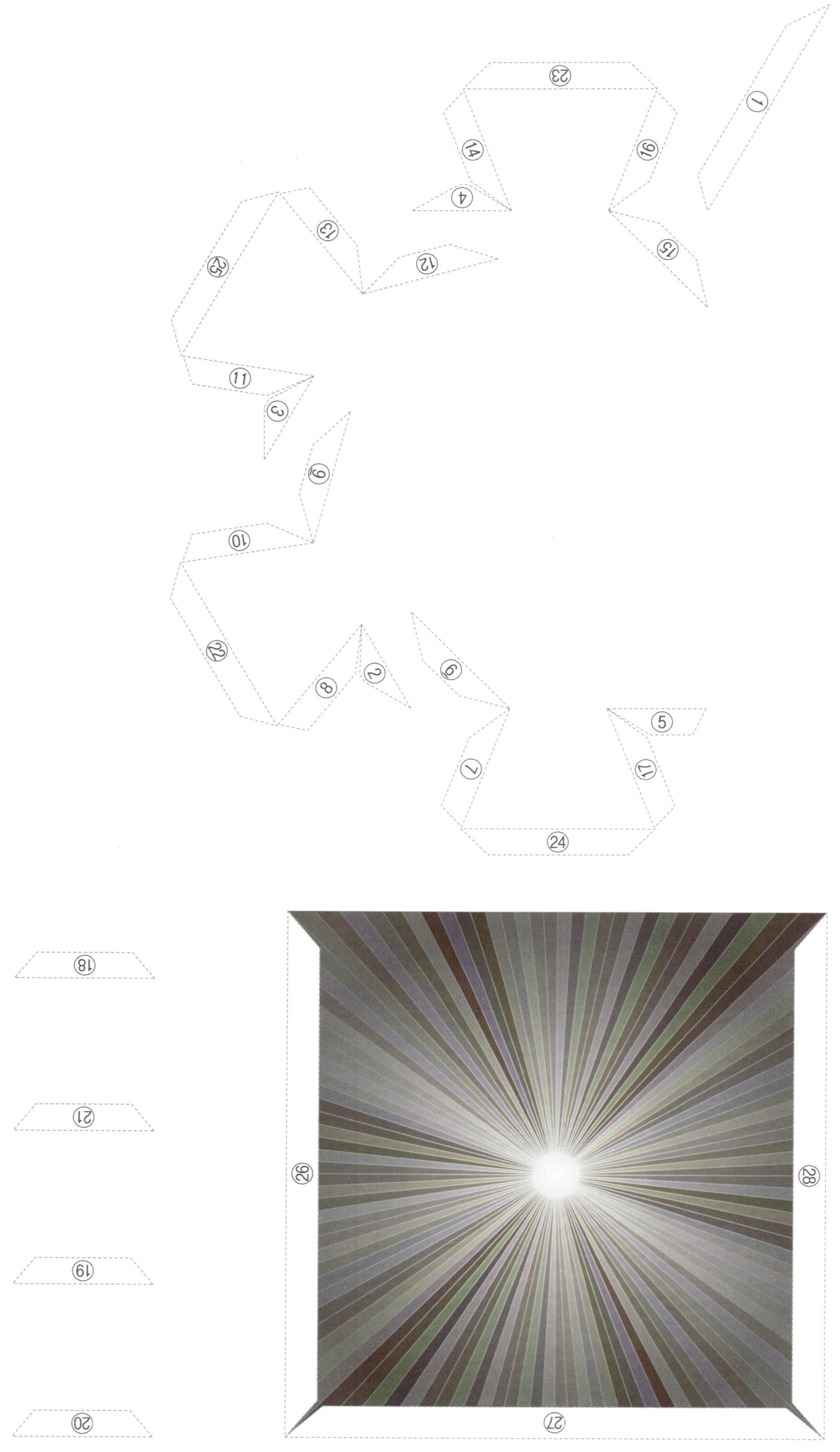

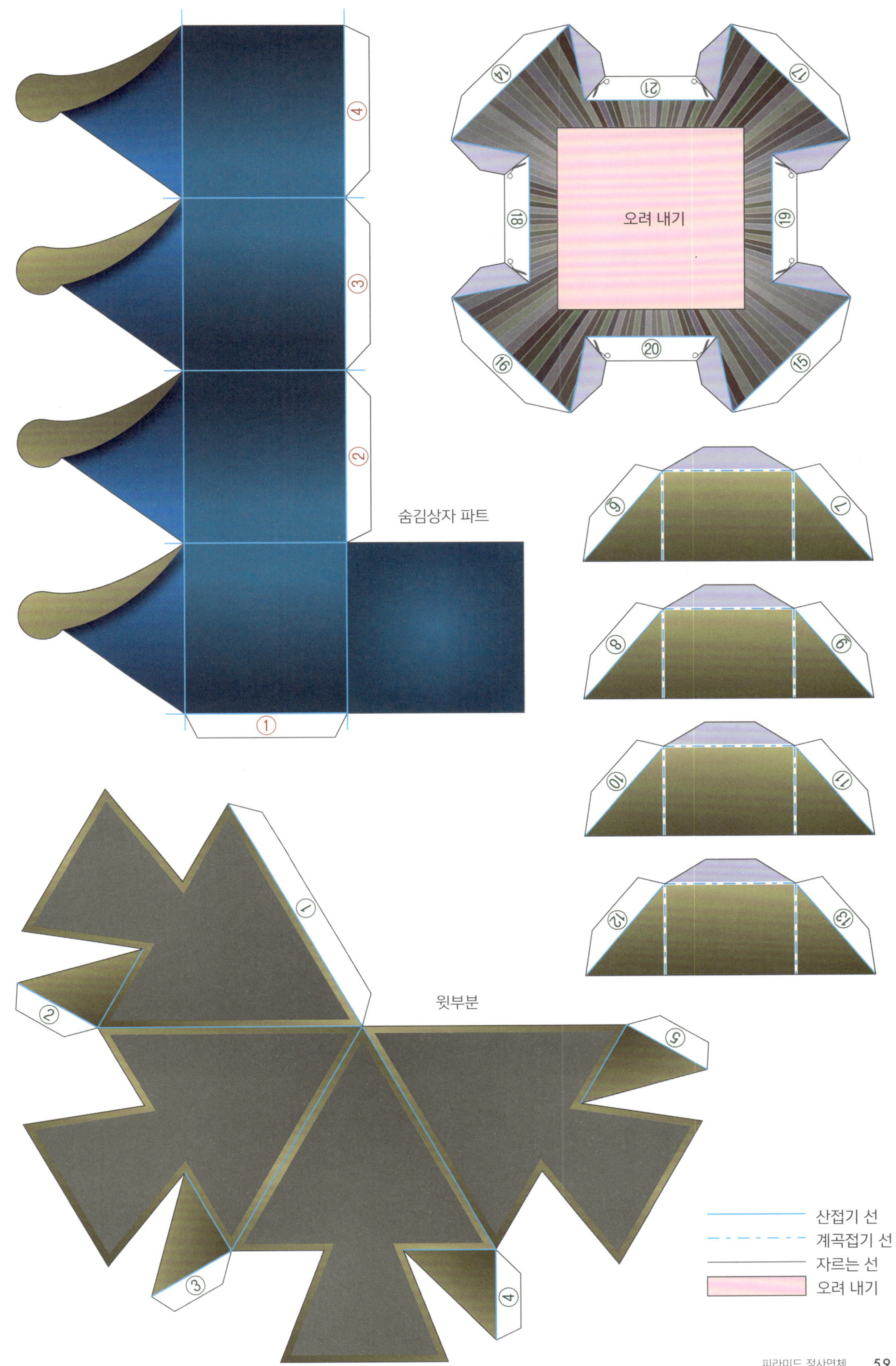
숨김상자 파트
오려 내기
윗부분
산접기 선
계곡접기 선
자르는 선
오려 내기

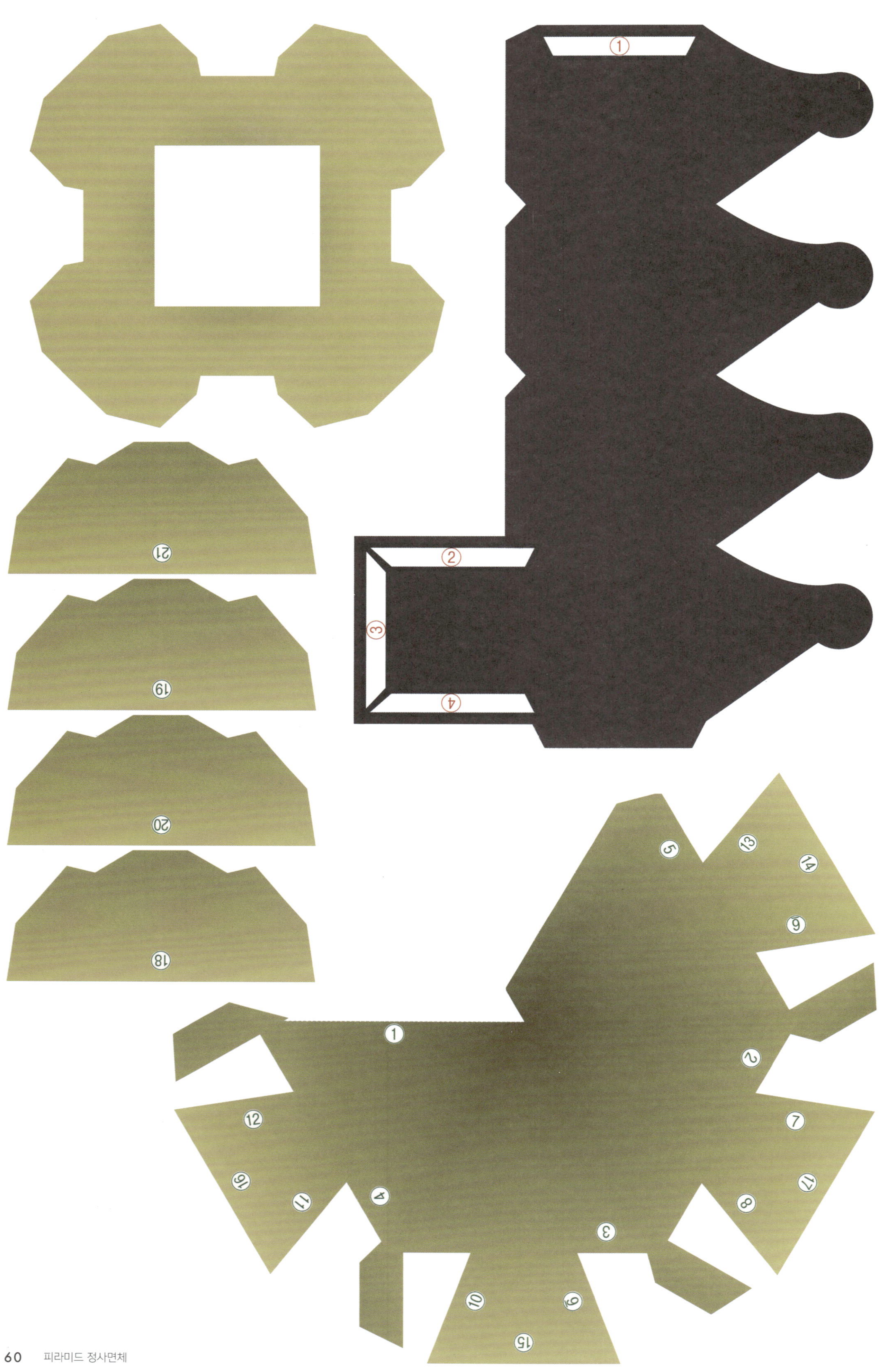

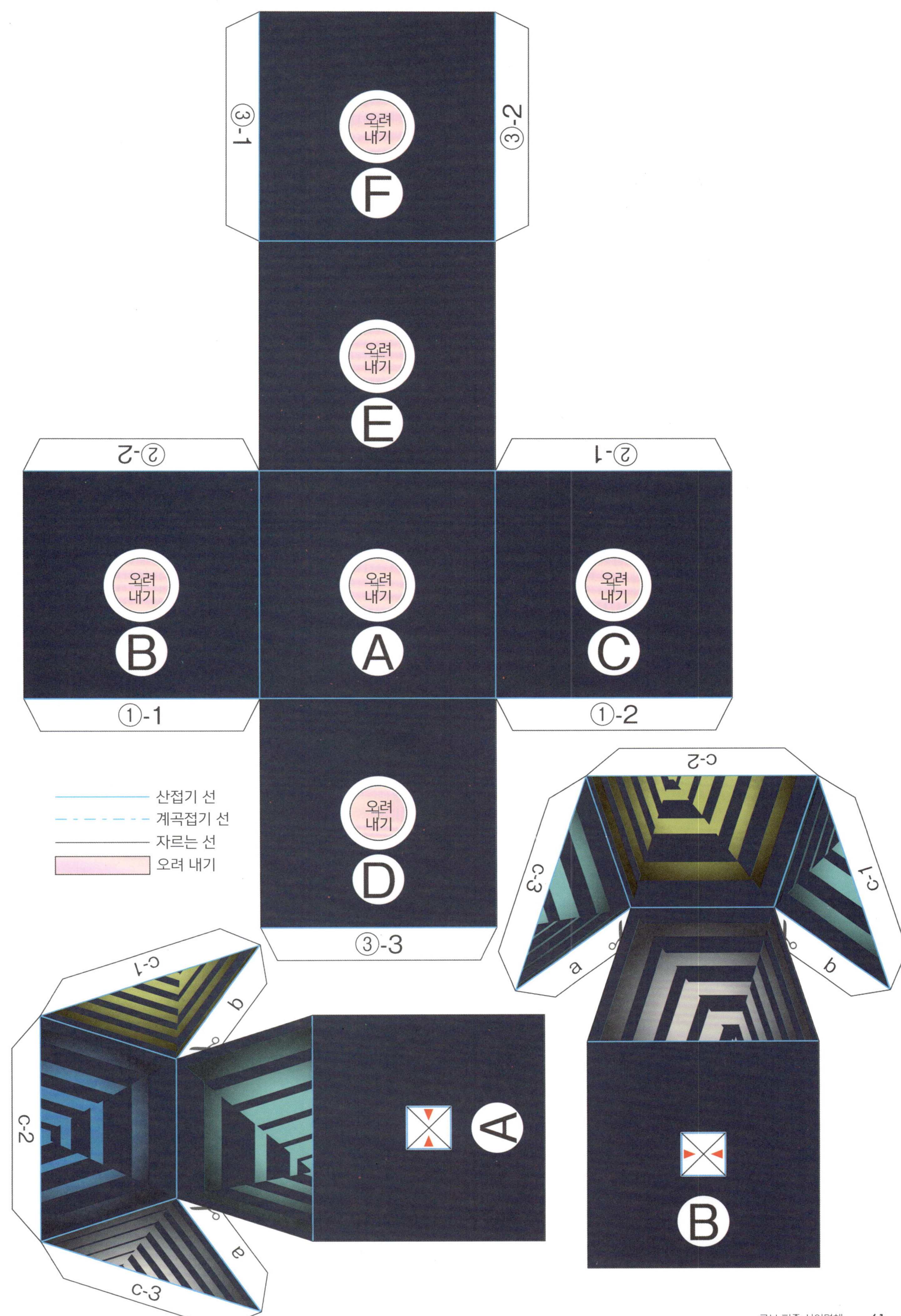

③-1
③-2
오려 내기
F
오려 내기
E
②-2
②-1
오려 내기
B
오려 내기
A
오려 내기
C
①-1
①-2
오려 내기
D
③-3
산접기 선
계곡접기 선
자르는 선
오려 내기
c-2
c-3
c-1
a
b
c-1
b
c-2
c-3
a
b
A
B

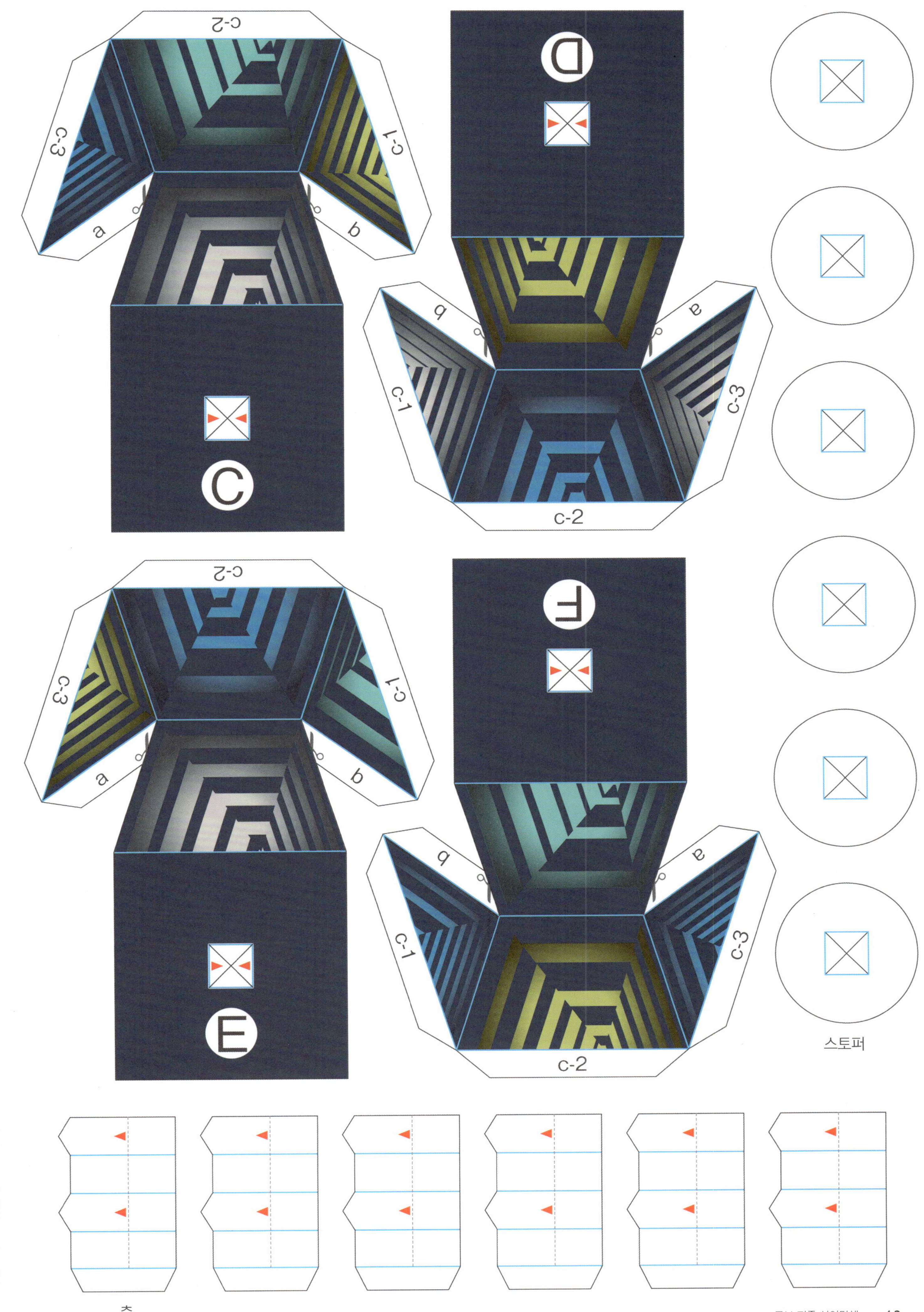

C
D
E
F
C-2
C-3
C-1
a
b
c-2
c-1
c-3
a
e
스토퍼
축
큐브 퍼즐 십이면체